BASIC TAGALOG

for Foreigners and Non-Tagalogs

BASIC TAGALOG

for Foreigners and Non-Tagalogs

by PARALUMAN S. ASPILLERA

B.S.E., M.A.

Professor of Pilipino and Philippine Literature, Institute
of Asian Studies, University of the Philippines

Former Director, Institute of Filipino Language and Culture
Philippine Women's University

Executive Secretary and Director, *Akademya ng Wikang Pilipino*

CHARLES E. TUTTLE COMPANY
Rutland, Vermont & Tokyo, Japan

Published by the Charles E. Tuttle Company, Inc.
of Rutland, Vermont & Tokyo, Japan
with editorial offices at
2-6 Suido, 1-chome, Bunkyo-ku, Tokyo 112

First Tuttle edition, 1969
First Tuttle paperback edition, 1993
Eighth printing, 1999

LCC Card No. 69-13503
ISBN 0-8048-1910-6

Printed in Singapore

To the memory of my father

Lope K. Santos

I dedicate this book.

TABLE OF CONTENTS

PUBLISHER'S FOREWORD

Popular since it was first published in 1956 and a vast improvement over earlier tests, *Basic Tagalog* has gone into several editions.

The successful teacher of Tagalog to foreigners must have a command of written and spoken English. He must be familiar with the Filipino way of life—its culture, religion, history, and languages.

Mrs. Aspillera meets these qualifications admirably in background and temperament, being a professor of Pilipino and Philippine literature in the Institute of Asian Studies, and a former director of the Institute of Filipino Language and Culture, Philippine Women's University.

For ease and convenience of study, the author has used a practical rather than a strict grammatical order, setting it up to ensure a fast learning and conversational pace. The lessons, however, must be studied as they come, for each one is a foundation for subsequent ones.

Basic Tagalog narrows the vocabulary for a beginner to about 800 words, enough to speak and write, understand and be understood in the language. The rules of grammar operate on chosen verbs, and especially on the formation of derivatives. Lessons are based on common usage, being functional as well as attractive to those who accept their challenge.

THE TAGALOG LANGUAGE

Tagalog is the most important of the many tongues and dialects of the Philippines on account of its being widely understood, and the most developed by contact with foreign idioms. Spoken by over ten million* of an energetic race in the islands occupying the capital city of Manila, eight provinces surrounding the metropolis, and a number of outlying islands and districts beyond these limits, it is also generally understood by many far beyond its own territory, especially in seaport towns throughout the archipelago.

The language seems to be divided into a northern and a southern dialect, the former being spoken in Bulacan, Bataan, Nueva Ecija, Rizal, and parts of Tarlac, and the latter occupying La Laguna, Batangas, Cavite, Tayabas, Marinduque, the coast of Mindoro and part of the Camarines Norte and Camarines Sur. Dialect differences though can only be distinguished by local mannerisms in pronunciation but very seldom in meaning.

Philologically, Tagalog belongs to the Malayan branch of the great Malayo-Polynesian linguistic family, which extends from Hawaii to Madagascar and from Formosa to Easter Island west of Chile, including New Zealand, Tonga, and Samoa, as well as Borneo, Celebes, Java, Sumatra, the Malay Peninsula, and the Philippines from east to west, a distance of 180°, or half the circumference of the earth.

Tagalog, together with the other civilized tongues of the Philippines, such as Visayan, Pampango, Ilocano and Bicol, has preserved the verbal system better than any other. The basis for the comparative study of the family must be taken from the Philippine tongues and not from the more cultivated Malay, Kawi, or modern Javanese, all three of which have been profoundly affected by Sanskrit and to a lesser degree Arabic, something as English has been affected by Latin and French elements. The number of roots or primitive-idea words in Tagalog seems to be about 17,000 there being 16,842 words in the Noceda and Sanlucar dictionary of 1832. Of these some 284 are derived from the Sanskrit, and are evidently borrowed through the Malay. Many of these are names for the things unknown to the primitive Malayan peoples, but others are abstracts and various words, some of which would seem to have supplanted a primitive Malayan word. Thus in many cases Americans and Tagalogs use words in their own languages which are from the same remote source in India, and coming around the earth east and west to meet again in the Philippines.

---

* See the latest census on p. x

The Japanese language seems to have furnished no words to the Tagalog although many Japanese came to the Islands during the seventeenth century owing to the expulsion of Japanese converts to Catholicism, who found a refuge in Manila and the adjoining provinces, mainly in Pampanga.

Notwithstanding a comparatively close contact with the Chinese for several centuries and certainly antedating the Spanish conquest by many hundred years, the Chinese element in Tagalog seems limited to a few commercial terms, some household implements, and a few miscellaneous words.

The Arabic words in Tagalog, which are hardly more than a dozen in number, evidently came in with the Mohammedan religion, and upon the extinction of that faith around the mouth of the Pasig, all but a few words fell into disuse.

Spanish, as a matter of course, has contributed a great number of words to Tagalog, many of which have been thoroughly naturalized. They are mainly religious, governmental, social, legal and abstract terms, including terms for foreign articles and luxuries. Some names for Mexican articles are not Spanish but Nahuatl or Aztec, owing to the intimate connection between Mexico and the Philippines for more than two centuries English has as yet given but a few words to Tagalog. English words which have no exact native or Spanish equivalent are taken into the language bodily, while many others are still quoted.

The construction of Tagalog does not seem to have been influenced by any of the foregoing languages but has retained its Malayan structure.

As has been already mentioned, there are some 17,000 "roots" in the Tagalog language, many of which are nouns, pronouns, adverbs, and prepositions. Verbs are generally formed by the use of certain particles (affixes) of which there are more than twenty. Together with the noun and adjective forming particles, of which there are several, the possible number of intelligible Tagalog words can not be far from 50,000 to 60,000; quite sufficient to express any non-technical ideas of any language whatsoever. Yet, with all these there are some curious facts about the language and its vocabulary. Many general terms can not be expressed in one word, but the modifications of a general act have many words to express them, sometimes far more than exist in English and Spanish. In addition to such particularizing words, there are also many synonyms or words meaning the same thing in Tagalog, many of which are local or provincial or not heard in the same locality.

In Tagalog, there are 12 names for the coconut, including its different varieties and conditions for the maturity and preparation for use. The verb "to carry," with its variations has some eighty words to express all combinations in Tagalog.

It should be borne in mind that Tagalog is not constructed on English or Spanish lines, either in grammar or syntax. The universal tendency upon using a new language is to translate one's own language word for word, or phrase for phrase, into the foreign one. The native may understand but the result is not elegant. No language can be learned entirely from books, and to supplement the special needs of each person, constant practice in speaking with educated or intelligent Tagalogs is necessary. Even with a considerable vocabulary, the American or any other foreigner, will find difficulty in conveying just what he wants to say in Tagalog unless he masters the idioms and peculiarities of the language. This will not be a very easy task, but once mastered, the key is held to all the Philippine languages, and it might be said, to all the Malayan languages of the East Indies.*

---

* An excerpt from the Preface of the *Tagalog Language* by **First** Lieut. W. E. W. MacKinlay, published Washington: Government **Printing** Office 1905.

CENSUS ON THE OFFICIAL LANGUAGES

For the purpose of the Census, any person who can carry a simple conversation in any of the three official languages of the Philippines is considered as "able" in that language.

The following statistics show their present status:

YEAR	LANGUAGE	PERCENTAGE OF SPEAKERS
1939	Tagalog	25.4%
	English	26.6%
	Spanish	2.6%
1948	Tagalog	37.1%
	English	37.2%
	Spanish	1.8%
1960	Tagalog	44.4%
	English	39.5%
	Spanish	2.1%

Tagalog (used as the basis for the National Language of the Philippines) is expected to retain its lead as it is taught from the elementary grades to college in all schools — public and private.

FOREWORD

Teaching Tagalog to non-Tagalogs who are Filipinos is quite different from teaching the language to foreigners. In the first place, we have to acknowledge the similarity of Tagalog to other Philippine languages and dialects as against the big percentage of difference it has to English. From experience, it is much easier to teach Tagalog to a Visayan, Ilocano, Bicolano, etc. than to an American or Frenchman. Likewise, it can be presumed that other Malayans will find Tagalog an easy study, because of the sisterhood of both languages.

A Tagalog teacher to a foreigner needs not only a more than average efficiency in spoken and written English and a perfection in Tagalog, but a definitely wholesome knowledge of the Filipino way of life, culture, history, religion and languages. One should aim to have all of these to meet the requirements of teaching Tagalog to foreigners.

The foreigner-student will always be interested to know about the people whose language he is learning and to have an honest and frank appraisal in the course of the teaching process of the customs, traditions, and habits of the Filipino people. It is with regret that this work could not include important cultural facts about the Philippines which a classroom discussion could make possible, but the texts of the sentences and the reading materials are sufficient enough to acquaint a foreigner a little of our own.

To the English-speaking non-Tagalog, this book will be an easy study. With his knowledge of English grammar and the nearness of Tagalog to his native dialect, he is very much at an advantage over a foreigner-student of the language.

The lessons in this book are intended for a three-month period of intensive study (at least two hours a day). This will be a quite adequate background for practical use. What will possibly be the most important phase of the learning will be the next three months of oral conversation and the subsequent application into oral language of all the rules of grammar learned in the first three months. So that in six months' time (about 250 hours), an average diligent student can speak, write, and understand ordinary Tagalog as spoken by the common mass.

These lessons are primarily intended for those who have a knowledge of English and a little of English grammar. It may also be pertinent to remind the readers and users *not* to apply fully the rules of English grammar to Tagalog. There will be situations when a comparison will be inadequate and superfluous. The use of basic words in the beginning is recommended.

The author begs the users of the book to take the lessons as they come. The order has been painstakingly arranged to insure a speedy learning and conversational ability. Each lesson should be taken as a prerequisite to the next.

Acknowledgment is here made of the help given by the foreigner-students of the author, who with their suggestions have made the present work possible. Sincere thanks go to the following: Dr. L. Elbert Wethington, and Rev. and Mrs. Richard Wehrman of the Methodist Mission in the Philippines; the Rev. Fathers Charles Scanlon, James D. Skerry, and Gilbert Gawlik of the Society of the Divine Word; Reverends Rudolph Prange and Louis Dorn of the Lutheran Mission; Mr. Georges Yacolievitch formerly of the French Embassy; Mr. and Mrs. John S. Carroll of the Asia Foundation; John W. Schnepper M.D. of the Manila Sanitarium and Hospital; Rev. and Mrs. John F. White of the United Christian Missionary Society; Mr. Ira P. Hovey, Mrs. Alexander Trowbridge, Mrs. Victoria P. Buerer, Colin M. Hoskins, Rev. Gerald Wyneken of the Lutheran Mission, Rev. F. Jesus Vazquez, CMF, and Mrs. Charles E. Bohlen, wife of the U.S. Ambassador to the Philippines.

The lessons in this book have been used by the author in her classes in Tagalog for Foreigners and Tagalog for Non-Tagalogs in the Institute of Filipino Language and Culture, an affiliate of the Philippine Women's University in Manila, and in the Institute of Asian Studies, University of the Philippines. The lessons have been constantly improved through the helpful suggestions of the students themselves.

PARALUMAN S. ASPILLERA

INTRODUCTION

All the words used in this book are in basic Tagalog or derivations from them. Basic Tagalog intends to narrow down the vocabulary for a beginner to the minimum of eight hundred words. This will enable him to speak and write, understand and be understood in the language. It can be most successfully used to carry on a conversation. The vocabulary of a foreigner or a non-Tagalog is expected to expand of course, after the Basic List has been learned to advantage.

Thousands of words in common usage in the eighteenth century[1] are no longer in use today. This fact conclusively verifies that the tendency is to minimize more and more the number of words of common use for the creation of a minimum vocabulary. It is to follow this tendency, shown not only in Tagalog but in other languages as well, notably English, that this book is committed to.

Basic English has a list of 850 words "which will cover those needs of everyday life for which a vocabulary of 20,000 words is frequently employed." [2] Ogden's work has been used as reference in the preparation of the Basic Tagalog list.

All the simplified rules of grammar were taken from the *Balarilà ng Wikang Pambansá*,[3] the official textbook on Tagalog grammar prepared under the supervision of the Institute of National Language in 1941. The lessons in this book based on common usage, have been made very functional and easy.

As in Basic English, the primary principle of Basic Tagalog is to reduce the vocabulary by the elimination of certain verbs and adjectives in such a way as to reduce the difficulties of language learning to a minimum. The rules of grammar operate on the chosen verbs, especially on the formation of derivatives. The addition of affixes on a single word base affords a hundred forms with which to operate.

The affixed verbs are conjugated under five groups — those that fall under the *um* verbs, the *ma*, *mag*, *i*, *in* and *an*. Needless to state that knowledge of the conjugation of these verbs facilitates a great deal their operation and use.

The non-Tagalog learner is allowed to get a good acquaintance of the 800 words with the help of his native dialect. This he must do while using in simple statements the words being

---

[1] P. Juan de Noceda, and P. Pedro de Sanlucar, Vocabulario de la Lengua Tagala, Prologo. Imprenta de Ramirez y Giradier, 1860 (3rd ed.)

[2] *The System of Basic English* by C. K. Ogden, P. 3 Harcourt, Brace, and Co. New York.

[3] Lope K. Santos, then a member, and subsequent director of the Institute of National Language is the author of the book.

learned in relation to its ordinary uses for talking and writing. With most languages, two or three years may be necessary to get a knowledge of 5000 words.[4] With Basic Tagalog, such knowledge would take a very little time.

The learning may be done in three stages:

1. Memorizing the 800 words.

2. Expanding the use of the words in form and sense.

3. Learning the idioms and special uses of words.

A normal learner can easily be acquainted with at least 30 words in an hour; he will learn faster if he happens to speak a dialect or language very similar to Tagalog. At this rate, the 800 words can be learned in a month's time allowing for hours to be spent in familiarization with the sound and pronunciation of each word.

In the study of any language, the first to attract the attention are the names of things. The Basic List has about 500 names for things, abstract and concrete. With this knowledge, understanding of the language is facilitated considerably.[5]

---

[4] Ogden's *Basic English*, pp. 37-38.

[5] Much of the text in this introduction is contained in the *Study of Basic Tagalog*, a thesis presented by the author for her Master's degree, at the Centro Escolar University (1950). The work contains in detail the procedure followed in the choice of the basic words.

USEFUL EXPRESSIONS FOR TOURISTS *
(Stress Accented Syllables)

Location:

Where is the Post Office?	*Ná-sa-án ang Ko-re-yó?*
Where is the Manila Hotel?	*Ná-sa-án ang Manila Hotel?*
Where is a good restaurant?	*Násaán ang mabúting res-tau-rán?*
Where is the Catholic church?	*Násaán ang sim-bá-hang Ka-tó-li-ko?*
Where is a Protestant church?	*Násaán ang sim-bá-hang Pro-tes-tan-te?*
Where is the Tutuban station?	*Násaán ang Tutubán Station?*
Where is the mailbox?	*Násaán ang bu-són?*
Where is the market?	*Násaán ang pa-léng-ke?*
Where is the toilet?	*Násaán ang ka-síl-yas?*

Direction:

To the Post Office	*Sa Post Office (or Ko-re-yo)*
Stop at the corner	*Pá-ra sa kán-to.*
To the right	*Sa ká-nan; Ma-no.*
To the left	*Sa ka-li-wâ; sil-ya.*
Straight ahead	*De-rét-so*
Stop!	*Pá-ra!*
You wait here.	*Mag-an-táy ka dí-to.*

Help me, please:

What is this?	*A-nó ba i-tó?*
What is that?	*A-nó ba i-yán?*
Do you have cigarettes?	*Mé-ron bang si-ga-ríl-yo?*
Do you have a match?	*Mé-ron bang pos-po-ro?*
Do you have coffee and sandwiches?	*Mé-ron bang ka-pé at sand-wich?*
Do you have tea?	*Mé-ron bang tsa? (cha)*
A glass of water, please.	*I-sang bá-song tú-big ngâ.*
Do you have whisky?	*Me-ron bang wís-ki?*
Do you have "barong tagalog?"	*Me-ron bang bá-rong ta gá-log?* (native men's wear)
Do you have "balintawak?"	*Me-ron bang ba-lín-ta-wák?* (native women's wear)
Yes sir, we have. (or ma'm)	*O-pò, me-ron ka-mí.*
No sir, we do not have.	*Wa-lâ po ka-mí.*

---

* Refer to Lessons 3 and 4, for pronunciation of Tagalog words. Words are syllabicated to facilitate reading.

Services:

Where can I find a doctor?	*Sa-án*	*may*	*dok-tór?*
a dentist	”	”	*den-tís-ta?*
a barber	”	”	*bar-bé-ro?*
a policeman	”	”	*pu-lís?*
a mechanic	”	”	*me-ká-ni-ko?*
a shoe shine boy	”	”	*lím-pi-ya bó-ta?*
a househelp	”	”	*ka-tú-long?*
a carpenter	”	”	*kar-pin-té-ro?*
a telephone	”	”	*te-lé-po-no?*

Answers:

At —————— ——————	*Sa* ————	*(name of place)*
Here.	*Díto.*	
There.	*Doón.*	
It is here.	*Héto.*	
It is there.	*Ha-yún.*	

Let us get acquainted:

Good morning	*Ma-gan-dáng u-má-ga*
” afternoon	” *há-pon*
” evening	” *ga-bí*
Do you know English?	*Ma-ru-nong ba ka-yó nang In-gles?*
I am new in the Philippines.	*Bá-go a-kó sa Pi-li-pi-nas.*
I am an American.	*A-kó ay Ame-ri-ka-no.*
” Frenchman	” *Pran-sés.*
” Japanese	” *Ha-pón.*
” Indonesian	” *In-dones-yo.*
Where do you live?	*Sa-án ka-yó na-ka-ti-rá?*
I live at the Manila Hotel.	*Na-ka-ti-rá a-kó sa Manila Hotel.*
” Forbes Park	*Na-ka-ti rá akó sa Forbes Park.*
” Army & Navy Club	*Na-ka-ti-rá a-kó sa Army & Navy Club.*
I came from the United States.	*Gá-ling a-kó sa Es-ta-dos U-ni-dos.*
What is your name?	*A-nó ang pa-ngá-lan nin-yó?*
What are some beautiful spots in the Philippines?	*A-nó ang ma-ga-gan-dáng lu-gar sa Pi-li-pi-nas?*

2

Baguio, Tagaytay, Hundred Islands, Mayon Volcano, Corregidor and many others are beautiful.	*Ang Ba-guio, Ta-gay-tay, Hundred Islands, Ma-yon Volcano, Corregidor at iba pa ay ma-gan-dá.*
I like to go to Baguio.	*Gus-tó kong pu-mun-tá sa Baguio.*
I like to go to Tagaytay.	*Gus-tó kong pu-mun-tá sa Tagaytay.*
I like to go to stores.	*Gus-tó kong pu-mun-ta sa mangá tin-dá-han.*
There are many stores on Mabini and Escolta streets.	*Ma-rá-ming tin-dá-han sa Ma-bí-ni at Es-cól-ta.*
Let us go to a movie.	*Pu-mun-tá ta-yo sa sí-ne.*
Let us eat.	*Ku-má-in tá-yo.*
Let us drink.	*U-mi-nóm tá-yo.*
Let us walk.	*Lu-má-kad tá-yo.*
Let us ride in a taxi.	*Su-ma-káy táyo sa ták-si.*
" " " on a bus.	" " *sa bus.*
" " " on a train.	" " *sa tren.*
" " " in an airplane.	" " *sa é-ro-plá-no.*
" " " in a car.	" " *sa kót-se.*
I like to drink "tuba."	*Gus-to kong u-mi-nóm nang tu-bâ.*
I like to eat rice.	*Gus-to kong ku-má-in nang ká-nin.*
I like roast pig.	*Gus-to kó ang lit-són.*
I like the Philippines.	*Gus-to kó ang Pi-li-pi-nas.*
I shall return.	*Bá-ba-lík a-kó.*
Long live!	*Ma-bú-hay!*

Note: The names of local foods are found in Lesson 46, p. 128.

LESSON 1

GREETINGS*

Greetings:

Magandáng umága pô.	Good morning, sir.
Magandáng hápon pô.	Good afternoon, sir.
Magandáng gabí pô.	Good evening, sir.
Magandáng tangháli pô.	Good noon, sir.
Magandáng áraw pô.	Good day, sir.

Pô is used in direct discourse to express respect. To young people and to friends *pô* is not used.

It is right to say: *Magandáng umága.*
Magandáng hápon.
or *Magandáng gabí.*

The literal meaning of *magandá* is beautiful.

Answers:

Magandáng umága(pô) namán.
  Good morning, too.
Magandáng hápon (pô) namán.
  Good afternoon, too.

Questions:

Kumustá (pô) kayó?
  How are you? (sir, madam)
Kumustá ka?
  How are you?

Answer:

Mabúti (pô) namán. Salámat.
  Fine, thank you.

Question:

Kumustá ang iyóng iná at amá? (*inyóng*, with respect)
  How are your mother and father?
Kumustá ang iyóng asáwa?
  How is your wife? (or husband)
Kumustá ang iyóng mga anák? (*mangá*)
  How are your children?

Answer:

Mabúti rin, salámat.
  Fine too, thank you.

---

* For the correct pronunciation of the words, see Lesson 4, p. 11

Question:

Saán ka púpuntá? (familiar)
Saán kayó púpuntá? (with respect)
Where are you going?

Answer:

Diyán lámang (pô).
Just there.

Question:

Saán ka gáling? (familiar)
Saán kayó gáling? (with respect)
Where have you been?

Answer:

Diyán lámang (pô).
Just there.

If you would like to be more definite with the place, you may say:

| Sa Quezon City. | To (or from) Quezon City. |
| Sa kapílya. | To (or from) the chapel. |

Question:

Saan kayó nakatirá?   Where do you live?

Answer:

Sa daáng Labores, Pandacan.
On Labores St., Pandacan.   or
Sa Taft Ave., Manila
On Taft Ave., Manila

Question:

Anó (pô) ang inyóng pangálan?
What is your name?

Answer:

Peter Johnson (pô).
It is Peter Johnson.

Questions:

Kayó ba si Ginoóng Johnson? (G. Johnson)
Kayó ba si Ginang Johnson? (Gng. Johnson)
Kayó ba si Bínibíning Johnson? (Bb. Johnson)
Are you Mr. Johnson?
Are you Mrs. Johnson?
Are you Miss Johnson?

Answers:

Opò, si G. Johnson akó.
Yes sir, I am Mr. Johnson.

Oo, si Johnson akó.
Yes, I am Johnson.

5

Question:

Náiintindihán mo ba?	Do you understand?
Náiintindihán ba ninyó?	Do you understand, sir?

Answer:

Opò, salámat.	Yes sir, thank you.
Oo, salámat.	Yes, thank you.
Waláng anumán.	It is nothing. (Literal)
	You are welcome.
Paalám na (pô).	Goodbye.
Adyós (pô).	Goodbye. (God be with you)

For *Excuse Me:*

There is no exact equivalent of *excuse me* in Tagalog.

There are four ways of expressing it though.

1. *Paumanhín pô* — When asking to be excused.

2. *Pakiraán pô* — When requesting for a permit to pass through.

3. *Mawaláng-gálang pô* — When requesting to be heard.

4. *Patáwad pô* — When apologizing for a wrong done, for physical injury, or for hurting one emotionally.

What occasions call for each?

1. One does not just leave a group in conversation. He must say, *"Paumanhín pô, lálabas lamang ako sandalî."* May I go out for a while?

2. You do not need to "bow out" between two persons talking. *"Pakiraán pô"* is just what one should say. Then stand erect and leave.

3. In meetings and conventions, we must voice our request to speak and say: *"Mawaláng-gálang pô"* which literally means "May I lose my courtesy?"

4. When you hurt someone, physically or emotionally and you accept the guilt, you say, *"Patawad pô"* or *"Patawárin ninyó akó."*

Can we use one for the other occasionally?

Yes, *"mawaláng-gálang pô"* may be used for 1 and 2 but not for 4.

Can we use *"Paumanhín pó"* for *"Patáwad pó"*?

No. It is too light for the injury done, physically or emotionally.

6

COMMON EXPRESSIONS

1.	*Áywan* (*éwan*)* ko	I don't know
2.	*Ayaw akó* (*ayóko*)	I don't like
3.	*Bahála na!*	Happen what may!
4.	*Kauntî lámang* (*lang*)	Just a little
5.	*Káhimanawari*	May it be so!
6.	*Kung mínsan*	Once in a while
7.	*Gísing na!*	Wake up!
8.	*Hindî bale!*	Never mind!
9.	*Hindî namán.*	Not so
10.	*Hintáy ka* (*Teka!*)	Wait for a moment
11.	*Huwag na. Salámat.*	No more. Thank you.
12.	*Bahálà ka.*	It is up to you
13.	*Madali ká* (*Dalì ká!*)	Be quick, you
14.	*Mámayá na.*	Later on (this day)
15.	*Maráming salámat.*	Many thanks
16.	*Anó pô?* (or) *Anó?*	What did you say?
17.	*Saká na.*	Later on
18.	*Sandalî lámang.*	Just a moment
19.	*Síge na!*	Go on!
20.	*Sáyang!*	What a pity. What a loss.
21.	*Tahímik kayó.*	Be silent
22.	*Táma na.*	It is all right. It is enough.
23.	*Táyo na.* (*Tena!*)	Let us go
24.	*Totoó ba?*	Is it true?
25.	*Túlog na.*	Go to sleep
26.	*Maráhil.*	Maybe
	Sigúro. (*Sp.*)	
27.	*Kataká-taká!*	It seems incredible!
28.	*Nakayáyamót!*	It is boresome!
29.	*Mabúhay!*	Long live...!
30.	*Maligáyang Batì*	Happy Greetings! (used to greet celebrants, bride and groom, graduates, etc.)

*The contracted forms in parenthesis are favored.

7

LESSON 3

THE TAGALOG ALPHABET

The Tagalog alphabet is composed of twenty letters. They are:

A B K D E G H I L M N NG O P R S T U W Y

Of these, five are vowels: *A E I O U* and 15 are consonants: *B K D G H L M N NG P R S T W Y*

The vowels are pronounced like:

a	as in	ask, grass (New England)
		alms, far (mid-West)
e	as in	end, carpet
i	as in	eve, mete
o	as in	obey, tobacco
u	as in	food, moon

The consonants are pronounced with the sound of *a* at the end:

Ba Ka Da Ga Ha La Ma Na NGa Pa Ra Sa Ta Wa Ya

Letters not found in the Tagalog alphabet are:

C CH F J LL ñ Q RR V X Z

Foreign Words In Tagalog

A Tagalog word is spelled just as it is pronounced. There are no dipthongs. Each vowel is pronounced separately and distinctly. When a foreign word is used in Tagalog, it is written according to the letters of the Tagalog alphabet. However, the names of persons and places need not be changed.

Many foreign words (mostly Spanish and a few English) are absorbed in the Tagalog vocabulary. They remain foreign when their original spelling is retained, but when changed to conform with the Tagalog alphabet, they become Tagalog words.

It is a fact though that more Spanish words are absorbed in the Tagalog vocabulary than English words. Between the English word *telephone* and the Spanish equivalent *telefono,* the Tagalogs will adopt the latter and write it *telepono.* This is due to the fact that the Spanish and Tagalog vowels are pronounced identically. Both do not have the long nor short *o.*

In writing foreign words in Tagalog, the following guide will be handy:

		Spanish:	Tagalog:	English:
Hard *c*	is changed to *k*	as in *calesa*	*kalésa*	*rig*
Soft *c*	is changed to *s*	as in *circo*	*sírko*	*circus*
ch	is changed to *ts*	as in *lechon*	*litsón*	*roast pig*

8

			Spanish:	Tagalog:	English:
f	is changed to *p*	as in	*Filipinas*	*Pilipinas*	*Philippines*
j	is changed to *h*	as in	*cajon*	*kahón*	*box, drawer*
	or to *s*	as in	*jabon*	*sabón*	*soap*
ll	is changed to *ly*	as in	*calle*	*kálye*	*street*
q	is changed to *k*	as in	*maquina*	*mákina*	*machine*
v	is changed to *b*	as in	*vapor*	*bapór*	*steamship*
x	is changed to *ks*	as in	*taxi*	*táksi*	*taxi*
z	is changed to *s*	as in	*lapiz*	*lápis*	*pencil*

The student-foreigner should learn how to write in **Tagalog** the following foreign words which are very common in everyday conversation. Needless to say, correct pronunciation is very important. Learn to pronounce these words by means of the accent marks and stress and repeat them aloud. Take note of your vowels.

alkohól	*otél*	*piyáno*	*tabáko*
alumínyo	*tenis*	*rádyo*	*sigarílyo*
awtomóbil	*ópera*	*telépono*	*wíski*
bángko	*orkésta*	*propagánda*	*makinílya*
kapé	*pasapórte*	*restaurán*	*seménto*
klub	*ponógrapo*	*síne*	*yéro*
gas	*plástik*	*bentiladór*	*telebísyon*

and the names of days:

	and of months:	
Lúnes	*Inéro*	*Agósto*
Martés	*Pebréro*	*Setyémbre*
Miyérkules	*Márso*	*Oktúbre*
Huwébes	*Abríl*	*Nubyémbre*
Biyérnes	*Máyo*	*Disyémbre*
Sábado	*Húnyo*	
Linggó	*Húlyo*	

If you found difficulty in dividing the words, knowledge of the different kinds of syllables (word division) may help you. We have four kinds of syllables in Tagalog:

1. The simple — consisting of *one vowel* only

as	*o*	in	táo	person
as	*a*	in	paá	foot
as	*i*	in	iyák	cry
as	*u*	in	úlo	head

2. The Consonant-Vowel syllable (CV)

as	*ba* or *sa*	in	basa	read
as	*ta*	in	táo	person
as	*na*	in	iná	mother
as	*lo*	in	úlo	head

3. The Vowel-Consonant syllable (VC)

as	*an*	in	*an*táy	wait
as	*am*	in	*am*bón	shower (rain)
as	*ak*	in	*ak*yát	climb
as	*it*	in	mapa*ít*	bitter

4. The Consonant-Vowel-Consonant syllable (CVC)

as	*tak*	in	*tak*bó	run
as	*lak*	in	bulak*lák*	flower
as	*lon*	in	ta*lón*	jump
as	*law*	in	í*law*	light

Drill

Pronounce these words by syllables slowly and repeat by pronouncing each word faster:

ma gan dá, beautiful	*pá a ra lán*, school
pag ká in, food	*i ni lu tò*, was cooked
i a lís, to be removed	*i na lís*, was removed
há ngin, wind	*li ní sin*, to be cleaned
tat ló, three	*á la á la*, gift; remembrance
ka i lá ngan, needed	*ná sa án*, where (as a question)
nga yón, now; today	*a wí tin*, to sing
ma ba ít, good	*pa ngá lan*, name
ma li it, small	*pa a lám*, goodbye
ma a á ri, can be	*nag-á a ral*, studying

LESSON 4

PRONUNCIATION OF TAGALOG WORDS

Stress is vocal emphasis on a particular syllable.
Accent is the mark placed over a vowel to indicate how this is to be sounded.

The principal stresses in Tagalog are the following:

a. *Acute* or *end stress* laid on the last syllable.
The accent used is the acute (').

EXAMPLES:

anák	child
amá	father
iná	mother
bulaklák	flower
malakás	strong

b. *Penultimate stress* — given to the syllable before the last. This book will use the acute accent also to mark this stress.

EXAMPLES:

babáe	woman
laláki	man
maínit	hot
malínis	clean
táo	person

c. *Penultimate stress and glottal catch.* The stress is also on the syllable before the last, but the vowel at the end is pronounced with a glottal catch. This is done by an abrupt closing of the throat. The accent is the grave (`) and is placed above the last vowel.

EXAMPLES:

punò	tree
kandilà	candle
pusà	cat
batà	child
susì	key

d. *Acute glottal.* The stress is on the last syllable which is pronounced with a glottal catch. The accent used is the circumflex (∧) and is placed above the last vowel.

EXAMPLES:

punô	full
sampû	ten
bakyâ	wooden shoes
masamâ	bad
gintô	gold

Note: When a word is long, it may have one or two stressed syllables.

IMPORTANT FACTS ABOUT TAGALOG
STRESS AND ACCENTS:

1. A difference in stress causes a difference in meaning of a word or prefix.

kaibígan	friend
kaibigán	desire
káibigán	mutual consent
kaíbigan	sweetheart
makaalís	to be able to leave
makáalis	to leave unintentionally
matúlog	to sleep
mátulóg	to have fallen asleep without intending to

2. Final glottal stop is lost by the addition of a ligature or suffix.

bakyâ	*luhà*	*batà*	*punó*	*susì*
bakyaín	*luhaán*	*kabatáan*	*punuín*	*susían*

3. Monosyllabic words often take the stress of the preceding word.

kumáin ka	*kumain ká*	you may eat
hindî pa	*hindi pá*	not yet
ganitó ba	*ganito bá*	like this?
malápit na	*malápit ná*	it is nearing
hindî po	*hindi pô*	no, sir

4. Glottal stops occurring medially between a vowel and a consonant is represented by a hyphen to avoid mispronunciation.

pag-ása	hope
mag-alís	to remove
may-ibig	has liking for
pang-úlo	for the head
pag-íbig	love

LESSON 5

NAMES OF PERSONS, THINGS, AND PLACES

Si Ruth ay babáe.
  Ruth is a woman.

Si Peter ay laláki.
  Peter is a man.

Si Helen ay bátang babáe.
  Helen is a girl (child).

Si Tom ay bátang laláki.
  Tom is a boy (child).

Sina Helen at Tom ay mga batà.
  Helen and Tom are children.

Si Ruth ay magandá.
  Ruth is pretty.

Si Peter ay marúnong.
  Peter is intelligent.

Sina Helen at Tom ay mababaít. (*pl. adj.*)* mabait (*sing.*)
  Helen and Tom are good.

Ang batà ay mabaít. (With *possessives, batà* becomes *anák.*)
  The child is good.

Ang áso ay mabaít.
  The dog is good.

Ang batà at ang áso ay mababaít.
  The child and the dog are good.

Ang mga batà at ang mga áso ay mababaít.
  The children and the dogs are good.

Ang mga sapátos ay malilínis.
  The shoes are clean.

Ang barò at ang sapátos ay malilínis.
  The dress and the shoes are clean.

Ang mga barò at ang mga sapátos ay malilinis.
  The dresses and the pairs of shoes are clean.

---

* *Ma* — adjectives form their plural by repeating the first syllable of the root.

Ang Pilipínas ay maliít.
The Philippines is small.

Ang Estados Unidos ay malakí.
The United States is big.

Ang Maynilà ay isang lunsod ng (nang) Pilipínas.
Manila is a city of the Philippines.

Ang Washington, D.C. ay púnung-lunsód ng Estados Unidos.
Washington, D.C., is the capital city of the United States.

Ang Maynilà at ang Washington, D.C. ay mga lunsód.

Ang Maynila at Washington, D.C. ay mga lunsód.
Manila and Washington, D.C. are cities.

Ang Baguio at Tagaytay ay malalamíg.
Baguio and Tagaytay are cool.

The names of persons, things, and places when used as subjects, are always preceded by an article, except in direct discourse and imperative forms (for persons).

Use:

si	with names of persons	singular form
siná	" " " "	plural form
ang	with things and places	singular form
ang mga	" "	plural form
ang	with places	plural form

Drills

I. Fill the blanks with the correct articles:

.... *áso at* .... *batà ay malilínis.*

.... *batà at aso ay mababaít.*

.... *Ruth at Peter ay magkapatíd.*

.... *púnung-lunsód ay Maynilà at Washington, D.C.*

.... *Peter at* .... *Ruth ay mabaít at*

marúnong.

.... *Helen, Tom, Mary at John ay malilínis.*

14

.... *batà* at .... *Helen ay magandá.*

.... *Helen* at *Tom* at .... *Mary* at
John ay marurúnong.

.... *Tom ay mabaít* (Pl. form)

Tom and companions are good.

.... *Helen, John,* at *Peter* at .... *áso*
ay mababaít.

....*Amerika* at *Aprika ay malalakí.*

II. From the lists of proper and common names below,
make good sentences in the natural order (subjects first and
predicates last). Do not forget to use *ay* in sentences in the
natural or regular order.

For subjects:		For predicates:	
babáe	woman	*magandá*	beautiful
laláki	man	*marúnong*	learned
batà	child	*matalíno*	intelligent
báhay	house	*mabaít*	good (character)
bansá	nation	*mabúti*	good (condition
túbig	water		or quality)
pagkáin	food	*maliít*	small
bulaklák	flower	*malakí*	big
mésa	table	*maínit*	hot
sílya	chair	*malamíg*	cold
páaralán	school	*malínis*	clean
kótse	car	*bágo*	new
lápis	pencil	*múra*	cheap
papél	paper	*mahál*	dear; expensive
kapé	coffee	*masaráp*	delicious;
isdâ	fish		delightful
áraw	sun; day	*malusóg*	healthy
hángin	wind	*lumà*	old (inanimate)
aklát	book	*matandâ*	old (animate)
simbahan	church	*mataás*	high
Amerika		*mababà*	low
Mary		*mahírap*	poor; difficult
Baguio		*tamád*	lazy
Dr. Rizal		*mayáman*	rich

All the sentences in this lesson are in their natural order.
In the succeeding lessons we will learn how to make sentences
in the inverted order, that is, the predicate comes before the
subject. This order is more commonly used by the Tagalogs.

15

Tagalog Articles
(Not a Lesson. For reference only)

I. *With names of persons as:*

	Singular	Plural
a. Subjects or predicates	*si*	*sina*
b. Possessors	*ni*	*nina*
c. Indirect objects	*kay*	*kina*
d. Doers of passive action	*ni*	*nina*

II. *With names of things as:*

a. Subjects or predicates	*ang*	*ang mga*
b. Possessors	*ng*	*ng mga*
c. Indirect objects	*sa*	*sa mga*
d. Direct objects	*ng*	*ng mga*
e. Doers of passive action	*ng*	*ng mga*

(See Lesson 17 pp. 50-51)

IN SENTENCES

1. Name as subject:
   Si Mary ay babae.

2. Name as predicate:
   Ang babae ay *si Mary.*

3. Name as possessor:
   Ang bahay *ni Mary* ay malaki.

4. Name as indirect object:
   Pupunta ako *kay Mary.*

5. Name as doer of passive act:
   Kinain *ni Mary* ang isda.

1. Names of things as subject:
   Ang bata ay maganda.

2. Names of things as predicate:
   Ang maganda ay *ang bata.*

3. Names of things as possessor:
   Ang baro *ng bata* ay bago.

4. Names of things as direct object:
   Bumili *ng gulay* ang babae.

5. Names of things as object of preposition:
   Bumili ako ng gulay *sa babae.*

6. Names of things as doers of passive acts:
   Binili *ng babae* ang gulay.

16

SENTENCE FORMATION

There are two sentence structures according to the word order in Tagalog. They are:

1. The natural order sentence,

2. The inverted or transposed order sentence.

The Tagalogs and the other language-people of the Philippines use more of the transposed order, especially in oral communication.

A. A sentence is in the natural order when the subject comes before the predicate. In this order, the primary ligature *ay* (*'y* after vowel-ending words) is used.

EXAMPLES:

1.	*Ang bahay ay malakí.*	The house is big.
2.	*Ang batà ay kumákain.*	The child is eating.
3.	*Si Peter ay mabaít.*	Peter is good.
4.	*Sina Peter at Mary ay mga batà.*	Peter and Mary are children.
5.	*Ang babáe at ang laláki ay naglúluto.* (*laláki'y*)	The woman and the man are cooking.

The *ay* in sentences 1, 3 and 4 links the subject with what is said about the subject, hence it is used as a linking verb. The *ay* in sentences 2 and 5 is a helping verb for it links the subject to a principal verb.

B. A sentence is in the inverted or transposed order when the predicate comes before the subject. The "link" *ay* is not used in the inverted form.

EXAMPLES:

Malakí ang báhay.	The house is big.
Kumákain ang batà.	The child is eating.
Mabaít si Peter.	Peter is good.

Mga not *ang mga* precedes the plural noun when used as predicate of the sentence.

EXAMPLES:

Mga batà sina Peter at Mary.	Peter and Mary are children.
Mga lunsód ang Maynila at Cebu.	Manila and Cebu are cities.
Ang áso at pusà ay mga háyop.	The dog and cat are animals.
Sina Helen ay mga babáe.	Helen and companions are women.

D r i l l s

A. The sentences in Lesson 5 are all in the natural or regular order. Transpose them by placing the predicates before the subjects.

B. Do the same with sentences you wrote in Drill 2 of the same lesson.

PRONOUNS AS SUBJECTS

First Person, *singular*:

Akó ay si John.	I am John.
(Ako'y si John.)	
Akó ay laláki.	I am a man.
Akó ay nag-áaral.	I am studying.
Masípag akó.	I am industrious.
Malusóg akó.	I am healthy.

Ay may be contracted to *'y* when the preceding word ends in a vowel.

First Person, *plural*:

Kamí ay sina John at Helen.	We are John and Helen.
Kamí'y magkapatíd.	We are brother and sister.
Kamí'y mababaít.	We are good.
Mababaít kamí.	We are good.
Mahihírap kamí.	We are poor.
Táyo ay sina John at Mary.	We are John and Mary.
Táyo'y magkaibígan.	We are friends.
Táyo'y mga batà.	We are children.
Mababaít táyo.	We are good.
Masisípag táyo.	We are industrious.

We in Tagalog is expressed by *kamí* and *táyo*. *Kamí* means *he and I* exclusive of the person spoken to; and *táyo* means *you, he,* and *I,* or *you* and *I* inclusive of the person spoken to.

Second person, *singular*:

Ikáw ay si Mary.	You are Mary.
Ikáw ay babáe.	You are a woman.
Masípag ka.	You are industrious.
Malusóg ka.	You are healthy.

Ikáw is used in the regular order of words; *ka* is used in the transposed order. *Ka* is the postposed form of *ikáw*.

Second person, *plural*:

Kayó ay sina John at Helen.	You are John and Helen.
Kayó ay magkapatid.	You are brother and sister.
Kayo'y mababaít.	You are good.
Malusóg kayó.	You are healthy.

Third person, *singular*: (he; she)

Siyá ay si Peter.	He is Peter.
Siya'y isang batà.	She is a child.
Marúnong siyá.	He is intelligent.
Mabaít siya.	She is good.

Third person, *plural*:

Silá ay sina John at Mary.	They are John and Mary.
Silá ay magkaibígan.	They are friends.
Silá'y mababaít.	They are good.
Marurúnong silá.	They are intelligent.

The plural forms *kayó* and *silá* are used as singular, second person, for a polite address, as in: *Kayó po ba ay guro? Silá po ba ay guro?* meaning, Are you a teacher?

DEMONSTRATIVES AS SUBJECTS:

Itó ay si John. (*Ito'y*)	This is John.
Itó ay batà.	This is a child.
Itó ay pagkáin.	This is food.
Itó ay pagkáin ng batà.	This is food of the child.
Maliít itó.	This is small.
Malakí itó.	This is big.
Iyán ay si Mary.	That is Mary.
Iyán ay pagkáin.	That is food.
Iyán ay pagkáin ni Mary.	That is Mary's food.
Marámi iyán.	That is plenty.
Maínit iyán.	That is hot.
Iyón ay Ilog Pasig.	That is Pasig River.
Iyón ay mahabà.	That is long.
Iyón ay malínis at mahabà.	That is clean and long.
Malínis iyón.	That is clean.
Mahabà iyón.	That is long.

Itó is used to denote the thing very near or close to the person speaking.

Iyán is used to denote the thing near the person spoken to.

Iyón is used to denote the thing far from both the person speaking and spoken to.

In the singular form, *itó, iyán* and *iyón* are not preceded by *ang,* but the plural forms of these words are preceded by *ang mga.*

EXAMPLES:

Ang mga itó ay mababaít.	These are good.
Ang mga iyán ay malalakí.	Those are big.
Ang mga iyón ay malilínis.	Those are clean.

DEMONSTRATIVES AS MODIFIERS: (See *Lesson 8*)

They can be used as modifiers too. They can point your subjects. It is interesting to note that when used this way, they have to be repeated, for emphasis.

> *Itóng mesang itó ay malinis.* (or *Ang mesang itó...*)
> This table is clean.
>
> *Maganda iyáng baró mong iyán.* (*...ang baró mong iyán*)
> That dress is pretty.
>
> *Malaki iyóng bahay na iyón.* (*...ang bahay na iyón*)
> That house is big.

Take note of the ligatures when you repeat these words.

> *Itong mesang ito*
> *Iyang barong iyan*
> *Iyong bahay na iyon*

When *sa* is used to precede the place of an action, *ito, iyan,* or *iyon,* comes after.

> *Ang bata ay kumain sa mesang ito.*
> The child ate on this table.
>
> *Pumunta kami sa bahay na iyan.*
> We went to that house.
>
> *Sumakay sila sa bus na iyon.*
> They rode on that bus.

D r i l l s

Translate into Tagalog:

1. We are studying Tagalog. (*excl.*)
2. I am Mary. He is John.
3. We are clean and good. (*incl.*)
4. They are healthy and bright.
5. This is Manila.

6. You are a teacher. (*polite address*)
7. Those are Americans.
8. You are Filipinos. (*pl.*)
9. She is playing.   (*naglalaró*)
10. That is Baguio.

Make five sentences using:

A.   *Ito* as subjects.
     Iyán as subjects.
     Iyón as subjects.

B.   *Ito* as modifier of subjects.
     Iyan as modifier of subjects.
     Iyon as modifier of subjects.

Pattern your sentences after these:

   Itó ay aklat ko.
   Ang aklat na *itó* ay mabuti.
   Iyón ay bahay na malakí.
   Ang bahay na malaking *iyán* ay kanilá.
   Malinis na paaralan *iyón*.
   Malinis ang paaralang *iyón*.

PRONOUN CHART
(For Reference)

SINGULAR	1st *person*		2nd *person*		3rd *person*	
NOMINATIVE						
Pre	*ako*	I	*ikaw*	you	*siya*	he or
Post	*ako*		*ka*		*siya*	she
GENITIVE or POSSESSIVE						
Pre	*akin*	my or	*iyo*	your	*kanya*	his or
Post	*ko*	mine	*mo*		*niya*	her
INSTRUMENTAL (doer of the passive action)						
Pre	*akin*	by me	*iyo*	by you	*kanya*	by her or
Post	*ko*		*mo*		*niya*	by him
PREPOSITIONAL						
	sa akin	to me	*sa iyo*	to you	*sa kanya*	to her or him
	para sa akin	for me	*para sa iyo*	for you	*para sa kanya*	for her or him

PLURAL	Inclusive	Exclusive				
NOMINATIVE	(you, he & I) *kami* we	we (he & I)	*kayo* you		*sila* they	
	tayo we					
GENITIVE or POSSESSIVE						
Pre	*atin* our	*amin* our	*inyo* your		*kanila* their	
Post	*natin*	*namin*	*ninyo*		*nila*	
INSTRUMENTAL (doer of the passive action)						
Pre	*atin* by us	*amin* by us	*inyo* by you		*kanila* by them	
Post	*natin*	*namin*	*ninyo*		*nila*	
PREPOSITIONAL						
	sa atin to us	*sa amin* to us	*sa inyo* to you		*sa kanila* to them	
	para sa atin for us	*para sa amin* for us	*para sa inyo* for you		*para sa kanila* for them	

WORDS THAT DESCRIBE
(Ligatures)

Ang babáing matabâ ay masayá.	The fat woman is happy.
Ang malakíng báhay ay isáng páaralán.	The big house is a school.
Ang hánging malakás ay malamíg.	The strong wind is cold.
Marunong ang bátang mabaít.	The good child is bright.
Maganda ang aklát na bago.	The new book is beautiful.

A change in word order does not change the modifier nor the meaning of the sentence, as in:

Ang matabáng babáe ay masayá.
Ang baháy na malakí ay isang paaralan.
Ang malakás na hángin ay malamig.
Marúnong ang mabaít na batà.
Magandá ang bagong aklát.

Notice the letters *ng* added after the words *babáe, malakí, hángin, batá,* and the *na* between the subject and modifier in the last sentence. These are called *ligatures,* a noteworthy feature of Philippine languages. This is used as a connective between a sequence of words. It has an obligatory occurrence with certain sequences of words but is absent in certain ones.

The ligatures are used after the first word as follows:

na occurs following the first word ending in a consonant, other than *n.*

bahay na malakí	big house
tahímik na batà	quiet child

-ng occurs as suffix to a word ending in a vowel.

magandáng babáe	beautiful woman
laláking mabáit	good man

For words ending in *n, -ng* replaces the *n.*

uláng malakás	strong rain
hánging malakás	strong wind

Some sequences of words that would need a ligature are nouns and nouns; adjectives and nouns (vice versa); nouns and pronouns; pronouns and adjectives, etc.*

Here are some more of these subjects and modifiers in the following columns:

Noun and pronoun subjects	Modifiers
binatà, bachelor	*marámi*, many; much
dalága, unmarried woman	*masípag*, industrious
damít, cloth; dress	**mabilís, fast**
gabí, night	*marumí*, dirty
áraw, day; sun	*madilím*, dark (opposite *bright*)
gamót, medicine	*lutò*, cooked
gúlay, vegetable	*mayáman*, rich
gurò, teacher	*mahúsay*, efficient
ibon, bird	*sariwà*, fresh
isdâ, fish	*payát*, thin
lamók, mosquito	*matabâ*, fat
túbig, water	*maitím*, black
pagkáin, food	**maputî, whitish**
dágat, sea	**matápang, brave**
lángit, sky	*maíngay*, noisy
bundók, mountain	*tahímik*, quiet
dahon, leaf	*tamád*, lazy
bulaklák, flower	*matamís*, sweet (with *food*)

Drills

A. From the subjects and the descriptive words in the columns above, construct 15 sentences in the transposed order. Use the describing words as modifiers of the subjects, not as predicates. This will practice you too in the correct use of the ligatures. No *ay* in these sentences.

B. Translate into Tagalog and use in sentences:

rich man	clean food
poor woman	dirty shoes
fresh fish	strong boy
new dress	pretty girl
small child	good teacher
noisy Manila	small flower

Note: With several adjective-modifiers, only the last uses a ligature.

---

* See " The -/Na/ — Ligature in Tagalog" on pp. 153-159.

LESSON 9

WORDS SHOWING POSSESSION

A.
ang báhay ni *Maria*	the house of Maria
ang barò ni *John*	the shirt of John
ang lápis ni *Helen*	the pencil of Helen
ang sapátos ni *Bob*	the shoes of Bob
ang aklát ni *Dick*	the book of Dick
ang báhay ng *lalaki*	the house of the man
ang barò ng *sanggól*	the dress of the baby
ang lápis ng *gurò*	the pencil of the teacher
ang sapátos ng *batà*	the shoes of the child
ang aklát ng *babae*	the book of the woman

With nouns, possession is shown by the use of *ni* with names of persons, and *ng* with the names of places and things. Plural form of *ni* is *nina;* *ng* is *ng mga.*

ang báhay nina *Maria at Pedro*	the house of Maria and Pedro
ang lápis nina *Helen*	the pencil of Helen and company
ang báhay ng mga *laláki*	the house of the men
ang mga barò ng mga *batà*	the dresses of the children

B. *Possessive Personal Pronouns* (See *Pronoun Chart* p. 23)

Pronouns showing possession have two forms: (1) those placed before the subject (preposed), and (2) those placed after the subject (postposed).

(1) Ang *áking* báhay ay maliít.
(2) Ang bahay *ko* ay maliít.
My house is small.

(1) Ang *iyóng* barò ay bago.
(2) Ang barò *mo* ay bago.
Your dress is new.

(1) Malinis ang *kanyáng* sapatos.
(2) Malinis ang sapatos *niyá.*
His shoes are clean.

(1) Lumà ang *áming* kotse.
(2) Lumà ang kotse *námin.*
Our car is old.   (his and mine)

(1) Malaki ang *áting* páaralán.
(2) Malaki ang páaralan *nátin.*
Our school is big.   (yours, his and mine)

(1) Ang *inyóng* **ama** ay masipag.
(2) Ang ama *ninyó* ay masipag.
Your father is industrious. (plural)

(1) Mahabà ang *kaniláng* lapis.
(2) Mahabà ang lapis nilá.
Their pencil is long.

Note in the examples above that a ligature is needed after the preposed forms, but not with the postposed ones.

It is preferable to use the two forms when the same pronoun is used in a sentence, as in:

Her mother went to *her* house.

Good: Ang *kanyang* ina ay pumunta sa bahay *niya*.
Not Good: Ang *kanyang* ina ay pumunta sa *kanyang bahay*.
Not Good: Ang ina *niya* ay pumunta sa bahay *niya*.

With plural subjects, the preposed pronouns go between *ang* and *mga*.

Right: *Ang aking mga* anak ay mababait.
Wrong: *Ang mga aking* anak ay mababait.
My children are good.

C. ang báhay *nitó*. the house of this (person)
(near the person speaking)

ang báhay *niyán* the house of that
(near the person spoken to)

ang báhay niyón the house of that
(far from the persons talking)

The plural forms of these pronouns are formed by adding *ng mga* to the nominatives *itó, iyán, iyón*.

ang báhay *ng mga itó*. the house *of these*
ang báhay *ng mga iyán* the house *of those*
ang báhay *ng mga iyón* the house *of those*

Drills

A. Translate into Tagalog the following sentences: (1) in the regular order, (2) in the transposed order.

1. The man's shoes are new.
2. Their house is big.
3. The child's dress is dirty.
4. Peter's book is clean.
5. Your food is cold.
6. Robert's dog is intelligent.
7. The baby's medicine is good.
8. The girl's dress is pretty.
9. My name is Paul.
10. Her school is big.

B. Complete into good transposed sentences ten of the phrases in this lesson.

LESSON 10

INTERROGATIVES

Síno?	Who?	*Síno ba kayó?* Who are you?
Anó?	What?	*Anó ba ang pangálan ninyo?* What is your name?
Alín?	Which?	*Alín ba ang iyóng ibig?* Which do you like?
Kaníno?	Whose?	*Kaníno ba ang báhay na iyan?* Whose house is that?
Sa kaníno?	With, to, whom?	*Sa kaníno ba iyán?* To whom does that belong? *Sa kanino ba siya sumamá?* With whom did he go?
Para sa kanino?	For whom?	*Para sa kanino ba iyan?* For whom is that?
Ilan? (See p. 38)	How many?	*Ilán ang anak ninyo?* How many are your children?
Kailan? (See p. 80)	When?	*Kailán kayó dumating sa Pilipinas?* When did you arrive in the Philippines?
Nasaan? (Location of a person or thing, see *Lesson 27*)	Where?	*Nasaan siya?* Where is he?
Saan? (Location of an act.)	Where?	*Saán kayó nakatira?* Where do you live?
Magkano? (See p. 41)	How much?	*Magkáno ba ang aklát?* How much is the book?
Paano?	How?	*Paáno ka pupunta?* How will you go?
Bakit?	Why?	*Bakit siyá galit?* Why is she angry?

The plural forms of the above interrogatives are shown by repetition, and in repeating any word, we have to remember these:

(1) when the word is composed of two syllables, we repeat the whole:

alin=alin-alin; sino=sínu-síno

(2) when it has three or more syllables, we repeat the first two only.

kaníno=kaní-kaníno;

magkáno=magká-magkáno

(3) any sound of *o* in the last syllable becomes *u* in the repeated word:

anó=anu-anó; sino=sinu-sino

(4) all repeated words are hyphenated.

We use the plural forms of the above interrogatives when our subjects are more than one and when we expect a plural answer. **Usage does not allow the repeated forms of *nasaan*** and *bakit*.

EXAMPLES:

Sínu-síno ba ang inyóng mga anák?
   Who are your children?

Anú-anó ba ang mga pangálan ninyó?
   What are your names?

Alín-alín ba ang inyóng íbig?
   Which are the ones you like?

Kaní-kaníno ba ang mga báhay na iyán?
   Whose are those houses?

Sa kaní-kaníno ba ang mga iyán?
   To (for, from) whom are those?

Ilán-ilán ang mga anák nilá?
   How many are their children?   (*their* refers to more than one couple)

Kaí-kailán kayo dumatíng sa Pilipinas?
   When (several dates) did you (pl) arrive in the Philippines?

Saán-saán kayó (pl) *nakatirá?*
   Where do you (pl) live?

Magká-magkáno ba ang mga aklát?
   How much are the books?

All these interrogatives may be used as adjectives to modify substantives, as in:

1. *Sinong tao iyán?*   Who is that man?
2. *Kanínong aklát ito?*   Whose book is this?
3. *Anóng simbáhan iyán?*   What church is that?

Which mean the same as:

1. *Síno ang táong iyán?*
2. *Kaníno ang aklát na itó?*
3. *Anó ang simbáhang iyán?*

Questions you may ask:

(See the next page for the use of *ba*)

1. *Ano ba 'yan?*   What's that?
2. *Sino ba siyá?*   Who's she *or* he?
3. *Kilála mo ba siya?*   Do you know him?
4. *Sásama ka ba?*   Are you coming along?
5. *Gusto mo ba 'to?*   Do you like this?
6. *Saan kayo pupunta?*   Where are you going?
7. *Uuwi ka na ba?*   Are you going home now?
8. *Gusto mo bang pumasok sa sine?*   Do you like to go to a movie?
9. *Ano'ng gusto mo?*   What do you like?
10. *Nasaan siya?*   Where's she? *or* he?

LESSON 11

THE USE OF *BA*

There are questions that do not necessarily need the use of *BA*, but it definitely adds more emphasis and clearness. Without a *BA*, a question may be mistaken for a statement, especially when wrongly enunciated, as in:

Silá ay áalís na.	They will leave already.
Silá ba ay áalis na?	Will they leave already?

1. *BA* is used *after the subject* in questions in the regular order.

Silá ba ay áalis na?	Are they leaving now?
Ang babáe ba ay mabaít?	Is the woman good?
Si Pedro ba ay marúnong?	Is Pedro bright?
Akó ba ay kákain?	Shall I eat?
Ang batà ba ay malínis?	Is the child clean?

2. *BA* is used *after the predicate* in questions in the transposed order.

Áalís ba sila?	Will they leave?
Mabaít ba ang babáe?	Is the woman good?
Marúnong ba si Pedro?	Is Pedro bright?
Kákain ba akó?	Shall I eat?
Malínis ba ang batà?	Is the child clean?

Likewise, *BA* is used directly after any interrogative pronoun in transposed order sentences.

Síno ba ang kasáma mo?	Who is your companion?
Anó ba ang gustó mo?	What do you like?
Alín ba ang báhay nila?	Which is their house?
Saán ba kayo pupuntá?	Where are you going?
Kailán ba kayó aalís?	When are you leaving?
Magkáno ba itó?	How much is this?

31

3. All monosyllabics (*ka, ko, mo, na, pa, din, daw, po,* etc.) come before *ba.*

Din (also) and *daw* (it is said) go after consonant-ending words.
Rin (also) and *raw* (it is said) go after vowel-ending words.

Pa — yet; more *Na* — already

Áalís na ba silá?	Will they leave already?
Áalís *ka na ba?*	Will you leave already?
Magandá rin ba ang babáe?	Is the woman pretty too?
Malínis daw ba ang batà?	Is the child clean, they say?
Marumí raw ba ang batà?	Is the child dirty, they say?
Marumí pa ba siyá?	Is she still dirty? (yet)

4. Between a helping verb and the principal verb, *ba* is used with a ligature.

Gustó bang kumáin ng batà?	Does the child like to eat?
Ayaw ba siyáng magsalitâ?	Does he not like to speak?
Ibig bang umalís ng laláki?	Does the man like to leave?

Note: In other Tagalog provinces, *bagá* is used instead of *ba.* In asking questions, raise your voice at the end if answerable by *yes* or *no;* if not, drop the voice at the end.

EXAMPLES:

$$\overline{\text{Àalís } ka \boxed{\text{ba}}?} \quad \text{Oo or Hindî.}$$

$$\overline{\text{Sino } ka \boxed{\text{ba}}?} \quad \text{Si Mary.}$$

D r i l l s

A. Form questions from the following statements by inserting *ba:*

1. *Ang kaibígan ko ay si Herbert.*
2. *Silá ay púpuntá sa kapílya.*
3. *Akó ay gurò.* (teacher)
4. *Marúnong ng Tagálog si Peter.*
5. *Siya ay mabaít na batà.*
6. *Ang magagandáng báhay ay kanilá.*

7. *Silá ay magsásalitâ sa rádyo.*
8. *Ang mga mababaít ay siná Helen at Mary.*
9. *Kákain ka na.*
10. *Mabaít din si Robert.*

B. Answer the following questions.

1. *Anó ba ang inyóng pangálan?*
2. *Saán ba kayó nakatirá?*
3. *Síno ba ang inyóng kaibígan dito?*
4. *Mabaít ba siyá?*
5. *Siyá ba ay Amerikáno?*
6. *Saán-saán kayó pumuntá?* (past, to go)
7. *Malakí ba ang báhay nila?*
8. *Marúnong ba si Rizál?* *
9. *Si Bonifacio ba ay matápang?***
10. *Gustó* (like) *ba ninyó sa Pilipinas?*

---

* Jose P. Rizal is the greatest hero of the Philippines. He is a writer, poet, doctor, poliglot, statesman and internationalist (1861-1896).
** Andres Bonifacio is the father of the Katipunan who led the revolt of the masses against Spain (1863-1896).

LESSON 12

DEGREES OF ADJECTIVES

There are three degrees of adjectives: positive, comparative, and superlative. To these is added the intensive degree which is very often used to express a quality with emphasis. For other adjectival affixes, see Lesson 42, pp. 118–20.

A. The *Positive* is used to describe the quality of a person or thing.

Si Helen ay *mabaít*.   Helen is good.
Siya ay *makabagong* babáe.   She is a modern woman.

B. The *Comparative* has three uses:

1. To express equality. For this, we use the affixes *kasing-*, *magkasing-*, or the words *parého* and *gáya*:

   Si Maria ay kasinggandá *ni Elena.*
   Sina Maria at Elena ay magkasínggandá.
   Si Maria ay magandá parého *ni Elena.*
   Si Maria ay magandá gáya *ni Elena.*
   Maria is as beautiful as Elena.

2. To express the quality existing in a higher degree. We use the words *kaysa* or *lalo*:

   Si Peter ay marúnong káysa *kay John.*
   Si Peter ay lálong *marúnong* kaysa *kay John.*
   Peter is brighter than John.

   Ang matandâ ay masipag kaysa sa *batà.*
   Ang matandâ ay lalong *masipag* kaysa sa *batà.*
   The old is more diligent than the young.

3. To express a quality existing in a lower or less degree. For this we use the following expression: *hindi kasing* .... *ni (ng)*.

   Si John ay *hindi kasindúnong ni Peter.*
   John is not as bright as Peter.

   Si Maria ay *hindi kasinggandá ni Elena.*
   Maria is not as beautiful as Elena.

   Ang aking anak ay *hindî kasimbaít ng anak niya.*
   My child is not as good as his child.

NOTE: *Kasing-* (*kasin-*, *kasim-*) follows the use of *pang-*, *pam-*, and *pan-*, and is used only with the root word. (See p. 118)

34

C. The intensive degree expresses the quality in a more forceful and emphatic form. There are many ways of expressing this degree, most commonly used are the following:

1. By repeating the positive form. There must be a ligature between.

magandáng-magandá	very beautiful
pángit na pángit	very ugly
malínis na malínis	very clean
masípag na masípag	very industrious
matandáng-matandâ	very old

2. By the use of prefix *napaka-* to the root. Mostly used to mean *too beautiful, too ugly*, etc.

nápakagandá	very beautiful
nápakapángit	very ugly
nápakalínis	very clean
nápakasípag	very industrious
nápakatandâ	very old

D. The *Superlative* denotes a quality existing in the highest degree. The prefix *pinaka-* is used with the positive form of the adjective.

pinakámagandá	most beautiful
pinakapángit	ugliest
pinakámalínis	cleanest
pinakámasípag	most industrious
pinakámatandâ	oldest

Drills

A. Pick two flowers you like best and compare them. In your comparison, try to use the different degrees for more color and variety.

B. Describe a quality or feature of the following, using any degree you think is proper:

1. *báhay*	house	6. *yélo*	ice
2. *babáe*	woman	7. *bundók*	mountain
3. *áraw*	sun	8. *ílog*	river
4. *gabí*	night	9. *rádyo*	radio
5. *simbáhan*	church	10. *lángit*	sky

C. Write the four degrees of adjectives from the following roots. These are all *ma-* forms.

1. *bait*		6. *samâ*
2. *sipag*		7. *tabâ*
3. *lakí*		8. *yaman*
4. *dunong*		9. *hirap*
5. *ayos*		10. *sayá*

LESSON 13

The Use of *MAY* and *MAYROÓN*

1. Akó ay *may kaibígan* sa Quezon City.
   I have a friend in Quezon City.

2. Siya'y *may magandáng* báhay.
   Iie has a nice house.

3. *May mga* púnong-kahoy silá.
   They have trees.

4. Kami ay *may báhay* sa Maynilà.
   We have a house in Manila.

5. *May natutúlog* na táo sa silíd.
   There is a person sleeping in the room.

6. *Mayroon ka* bang bagong aklát?
   Do you have a new book?

7. *Mayroon kamíng* bágong aklát.
   We have a new book.

8. *Mayroón ba* siláng bágong aklát?
   Do they have a new book?

9. Oo. *Mayroón.*
   Yes. They have.

10. *May sapatos* na bago ba si Bob? Oo, *mayroon.*
    Has Bob a new pair of shoes? Yes, he has.

How to Use MAY and MAYROÓN:

1. *May* is followed immediately by a noun. (Sentences 1 and 4)

2. *May* is followed immediately by an adjective or numerals. (Sentence 2)

3. *May* is followed immediately by the plural *mga*. (Sentence 3)

4. *May* is followed immediately by action words. (Sentence 5)

1. *Mayroon* is followed by particles or monosyllabic words: like *na, nang, pa, ba, rin, daw*, etc. (Sentences 6 & 8)

2. *Mayroon* is followed by the personal pronoun in the nominative in transposed sentences. (Sentence 7)
   Note the ligature with the pronoun.

3. In answering a question, *mayroón* is used. (Sentences 9 & 11) (Sentences 9 & 11)

Walâ is the negative form of *may* or *mayroón*. It means *none*, not *no* nor *not*.

Both *may* and *mayroon* express actual possession. When the possessor is not mentioned in the sentence, the meaning conveyed by *may* is just *there is*. They do not express specific time or time relationship.

The *ma* prefix in the words *marámi, mataás, magandá, marumí, malinis,* etc. mean *may dámi, may taás, may gandá, may dumí, may linis,* etc. In short, with abstract nouns, *ma* means 'there is'. With concrete nouns, *ma* means '*many*'.

WHEN USED IN SENTENCES:

1. *May* is replaced by *walá* with the ligature *-ng*.

   May pagkáin kamí. We have food.
   Waláng pagkáin kamí. We have no food.

2. *Mayroon* is replaced by *walâ* without the ligature *-ng*.

   Mayroón ka bang pagkáin? Do you have food?
   Walâ ka bang pagkáin? Don't you have food?

D r i l l s

A. Translate into Tagalog the following:
   1. *I have a new and pretty dress.*
   2. *She has a house in Manila.*
   3. *The child has many books.*
   4. *Do you have a pencil?*
   5. *Yes, I have.*
   6. *We have good boys and girls in school.*
   7. *Do you have delicious food there?*
   8. *None. We do not have delicious food.*
   9. *I have a pretty sister.*
   10. *They have many books in the library* (sa aklatan).

B. Fill the blanks with *may, mayroón* or *walá*.
   1. *Akó ay* .... *mabáit na anák.*
   2. *Ang batà ay* .... *kaibígang aso.*
   3. *Si Mary ay* .... *magandáng bulaklák.*
   4. .... *bang aklát si John?*
   5. .... *pagkáin ba tayo?*
   6. .... *pera ba kayo?*
   7. .... *na siyáng anák.*
   8. .... *tayong pagkain.*
   9. .... *damít ang bátang mahírap.*
   10. .... *na ba kayóng aklát?*
   11. *Ang mga táo ay* .... *masayáng Paskó.*
   12. *Ang báhay ay* .... *lamók.*
   13. .... *kaming masayang búhay.*
   14. .... *kumákaing bata sa silíd.* (room)
   15. *Ako ay* .... *aklat sa Tagalog.*

LESSON 14

NUMBERS

A. Cardinal:

isá	*uno*	1
dalawá	*dos*	2
tatló	*tres*	3
ápat	*kuwatro*	4
limá	*sinko*	5
ánim	*seis*	6
pitó	*siyete*	7
waló	*otso*	8
siyám	*nuwebe*	9
sampû	*diyes*	10
labíng-isá	*onse*	11
labíndalawá	*dose*	12
labíntatló	*trese*	13
labíng-ápat	*katorse*	14
labinlimá	*kinse*	15
labing-ánim	*disiseis*	16
labimpitó	*disisiyete*	17
labingwaló	*disiotso*	18
labinsiyám	*disinuwebe*	19
dalawampû	*beynte*	20
dalawampú't isá	*beynte uno*	21
dalawampú't limá	*beynte sinko*	25
tatlumpû	*treynta*	30
tatlumpú't ánim	*treynta'y seis*	36
apatnapû	*kuwarenta*	40
apatnapú't pitó	*kuwarenta'y siyete*	47
limampû	*sinkuwenta*	50
limampú't limá	*sinkuwenta'y sinko*	55
animnapû	*sesenta*	60
pitumpû	*setenta*	70
walumpû	*otsenta*	80
siyamnapû	*nobenta*	90
sandaán	*siyento*	100
sandaá't sampû	*siyento diyes*	110
dalawáng daán	*dos siyentos*	200
tatlóng daán	*tres siyentos*	300
ápat na raán	*kuwatro siyentos*	400
limáng daán	*kinyentos*	500
isáng líbo	*mil*	1000

You are given here the equivalent in Spanish (written in Tagalog orthography) of the cardinal numbers for the simple reason that they are commonly used by the people, especially in buying and selling.

IN SENTENCES:

Ang limá at ánim ay labing-isá.
    Five and six are eleven.

Ang dalawáng kapatíd ko ay mga marúnong.
    My two brothers (or sisters) are intelligent.

Dalawampúng tao ang umáwit sa palátuntunan.
    Twenty persons sang in the program.

May mga isáng daáng batà ang nag-áaral dito.
    About a hundred children are studying here.

May labindalawáng buwán sa isáng taón.
    There are twelve months in a year.

Tanóng: *Iláng taón ka na?*
        (How many years are you?)
        How old are you?

Sagót: *Akó ay dalawampú't limáng taón na.*
        I am twenty-five years old (already).

Indefinite number can be expressed by the use of *mga*. Ex.: *mga sampû*, about ten.

B. ORDINAL:

úna, first	*ikalabing-isá*, eleventh
ikalawá, second	*ikalabinlimá*, fifteenth
ikatló, third	*ikadalawampú*, twentieth
ikaápat, fourth	
ikalimá, fifth	
ikaánim (*ikanim*), sixth	*ikasandaán*, one hundreth
ikapitó, seventh	*hulí*, last
ikawaló, eighth	
ikasiyám, ninth	
ikasampû, tenth	

Ikailán kang anák?	Which child are you?
Akó ay ikalimá.	I am the fifth.
Síno ba ang úna?	Who is the first?
Si Peter ang úna.	Peter is the first.
Ikaw ba ay pangánay?	Are you the first child?
Hindi. Ako ay bunsô.	No. I am the youngest child.
Siya ay nasa ikaánim na grado.	He is in the sixth grade.

C. FRACTION:

In the present state of the propagation of Tagalog, numerals, particularly fractions, have not yet been given due consideration and so are not in common use. Sometime, though, we hope that the widespread knowledge of numerals will make possible the replacement of the Spanish numerology in our everyday conversation.

A part of a whole is expressed by a denominator with a *ka-* prefix. A part then is called:

kalahatì for a half

katló (or *ikatló*) for a third

kápat (or *ikápat*) for a fourth

kalimá (or *ikalimá*) for a fifth

kánim (or *ikaánim*) for a sixth

kapitó (or *ikapitó*) for a seventh

kawaló (or *ikawaló*) for an eighth

kasiyám (or *ikasiyám*) for a ninth

kapulô (or *ikasampû*) for a tenth

In numbers, they are:

> *1/2 kalahatì* — one half
>
> *2/3 dalawáng-katló* — two-thirds
>
> *3/4 tatlóng-kápat* — three-fourths
>
> *20% dalawampung bahagdán.*

IN SENTENCES:

Itó ay kalahatì ng mansánas.
This is half of an apple.

Ang dalawáng-katló ng aking salapî ay para sa iyó.
Two-thirds of my money is for you.

Ang asín sa pagkáin ay tatlóng-kápat ng kutsaríta.
The salt in the food is three-fourths teaspoon.

Ang ápat na kawaló ay parého ng dalawáng-kápat.
Four-eighths is equivalent to two-fourths.

4. PRICES

In buying and selling, Spanish and Tagalog numbers are used indiscriminately. To understand market vendors, a student of Tagalog should know both Tagalog and Spanish numerals. One cannot use pure Tagalog nor pure Spanish numbers for they are used together at times to make a sale.

For prices, use cardinal numbers and *piso,* the unit of exchange in the Philippines. Centavos is *sentimos* or *pera.*

₱ 1.20-*isang piso't dalawampúng sentimos* — uno y beinte

₱ 2.30-*dalawáng piso't tatlumpúng sentimos* — dos y treinta

₱ 3.40-*tatlóng piso't apatnapúng sentimos* — tres kuwarenta

₱ 4.50-*ápat na piso't limampúng sentimos* — kuatro sinkuwenta

₱ 5.60-*limáng piso't animnapúng sentimos* — sinko sesenta

₱ 6.70-*ánim na piso't pitumpúng sentimos* — seis setenta

₱ 7.80-*pitóng piso't walumpúng sentimos* — siyete otsenta

₱ 8.90-*walong piso't siyamnapúng sentimos* — otso noberta

₱ 9.00-*siyám na piso* — nuwebe pesos

₱10.10-*sampúng piso't sampúng sentimos* — diyes-diyes.

IN SENTENCES:

Ang aking sapatos ay sampúng piso.
My pair of shoes costs ten pesos.

Ang halagá ng kanyáng barò ay limáng piso at limampúng pera.
The cost of her dress is five pesos and fifty centavos.

Isang daang piso ang halagá ng aming mga sílya.
Our chairs cost one hundred pesos.

In writing numerals then, we must have in mind the following:

1. The prefix *labíng-* is added to numbers from one (*isá*) to nine (*siyám*). We change its form to *labin-* or *labim-* according to the first letter of the number it is attached to.

2. Particle *puó* (meaning ten) is written *pu* and added as suffix to numbers from one to nine. The ligatures -*ng* and -*g* then are changed to *m* to adjust it phonetically to *pu.*

41

3. The ligatures separate the numbers when they are higher than hundred, but the numbers are written as one with their ligatures, when below one hundred. We write it *siyamnapú* (ninety) but it is *siyam na raán* not *siyamnaraán* (nine hundred).

4. Connective *at* or *'t* is only used between the last two numbers in a series, and between two numbers making a whole one.

5. Other numbers and their equivalents are:

ten	— *pû*
hundred	— *daán*
thousand	— *líbo*
ten thousand	— *laksâ*
hundred thousand	— *yutà*
million	— *ángaw*

LESSON 15

UM AND *MAG* VERBS

The most commonly used action words (verbs) in actor-action sentences are made up of roots with *um* and *mag* prefixes. In some respects, sentences with *um* and *mag* verbs are equivalent to what is called the "active voice" in English, the actor or doer being the subject of the sentence. But the similarity ends there, as the translation of the English "active" into Tagalog is quite different. The "active" action words in English are frequently translated into the Tagalog "passive," and vice versa.

Um and *mag* verbs are used to emphasize the doer of the action or the act itself. These verb forms should be used in sentences where an object is not necessary to complete the meaning; or, they may be used too with objects or receivers if the emphasis is on the doer or on the act itself. Sentences with these types of verbs give an indefiniteness to the meaning.

When a root has both *um* and *mag*- forms, the latter usually expresses frequency of action.

Some roots occur only with *um,* some with *mag.* Others occur with both. Both *um* and *mag* do not give *one* specific meaning to a word. For the meaning of each particular verb form, see COMMON VERB FORMS. pp. 160-177.

Usually MAG- is used to show frequency and intensity of action.

The sentence patterns are:

A. | action | doer | receiver | modifier |
    | --- | --- | --- | --- |

Kumáin ...*si Peter* ....*ng kánin.*
Pumások ..*ang batà* ....*sa páaralán.*
Sumúlat ...*siya* ....*ng kuwénto.*
Naglakád ..*si Mary* ....*kahápon.*
Naglutò ...*silá* ....*ng gúlay.*

B. | action | receiver | modifier | doer |
    | --- | --- | --- | --- |

Kumáin ...*ng kánin* ....*si Péter.*
Pumások ....*sa paáralán* ....*ang batà.*
Sumúlat ...*ng kuwénto* ....*siyá.*
Naglakád ....*kahápon* ....*si Mary.*
Naglutò ...*ng gúlay* ....*silá.*

With pronouns as doers or actors, it is advised to use the first structural pattern, for euphony.

43

Some Verb Forms:

pumuntá	to go to a place	*magsalitâ*	**to speak**
umalís	to leave	*mag-usap*	to converse
dumatíng	to arrive	*magsulát*	to write
kumáin	to eat	*maglutò*	to cook
umupô	to sit	*mag-áral*	to study
sumúlat	to write	*maglarô*	to play
bumása	to read	*mag-áway*	to quarrel with one another
humingî	to ask for		
gumawâ	to do or make something	*maglakád*	to walk
		magbáyad	to pay
lumangóy	to swim	*magtaním*	to plant
umiyák	to cry	*magsayáw*	to dance
bumilí	to buy	*mag-isíp*	to think
kumantá)	to sing	*maglínis*	to clean
umáwit)		*magpuntá*	to go
tumugtóg	to play an instrument	*magtanóng*	to ask a question
uminóm	to drink	*magbilí*	to sell

Note: 1. *UM* is prefixed to the root when this begins with a vowel. *UM* is infixed (after the first letter) when the root begins with a consonant.

2. A hyphen denotes a glottal stop between *MAG* and a vowel-initial root.

Conjugation Pattern

For *UM*

1. With vowel-initial root:

Infinitive — *umalís*	(*um + alis*)	to leave
Imperative — *umalís*	(prefix + root)	
Past — *umalís*	(prefix + root)	
Present — *umáalís*	(prefix + 1st syllable reduplicated)	
Future — *áalís*	(1st syllable of root reduplicated)	

2. With consonant-initial root:

Infinitive — *kumáin*	(*k-um-ain*)	to eat
Imperative — *kumain*	(infix *um* after 1st consonant)	
Past — *kumáin*	(same)	
Present — *kumakáin*	(infix *um*; repeat 1st syllable)	
Future — *kákain*	(1st syllable repeated)	

44

For _MAG_ -

1. With vowel-initial root:

Infinitive — _mag-áral_	(always with a hyphen after prefix)
Imperative — _mag-áral_	(_mag_ + root)
Past — _nag-áral_	(change _mag_ to _nag_)
Present — _nag-aáral_	(_nag_ + repeated 1st syllable)
Future — _mag-aáral_	(_mag_ + repeated 1st syllable)

2. With consonant-initial root:

Infinitive — _maglutò_	(_mag_ + root)
Imperative — _maglutò_	
Past — _naglutò_	(change _mag_ to _nag_)
Present — _naglúlutò_	(_nag_ + repeated 1st syllable)
Future — _maglúlutò_	(_mag_ + repeated 1st syllable)

Note: The present denotes habitual and progressive action. Repeat only the first two letters of a three lettered syllable. Letter _d_ becomes _r_ between vowels.

Pattern Sentences

Dumatíng si Helen kahápon.
Helen arrived yesterday.

Si Gng. Smith ay sumúsulat.
Mrs. Smith is writing.

Ang batà ay nagsásalitâ.
The child is talking (or talks).

Naglálaro ang áking mga anák.
My children are playing.

Naglutò ba kayó ng kánin?
Did you cook rice?

Bumása táyo ng isáng kuwénto.
Let us read a story.

Uminóm kayó ng kapé.
(You) Drink coffee.

Umíinóm ng gátas ang batà.
The child is drinking (drinks) milk.

Drills

A. Write all the roots of the *UM* and *MAG* verbs in the lists on page 44.

B. Affix *UM* to the following roots:

pások	(enter)	*balík*	(go back)
táwag	(call)	*sakáy*	(ride)
tayô	(stand)	*úpa*	(rent)
ísip	(think)	*ulán*	(rain)
datíng	(arrive)	*íbig*	(love)
táwa	(laugh)	*kúha*	(get)
uwî	(go home)	*sáma*	(go with)

C. Make your own conjugation patterns for all the *UM* and *MAG* verbs in this lesson.

D. Write ten sentences using verbs with *UM* in all tenses and another ten using *MAG* in all the tenses.

E. Read orally. Observe a slight pause on every phrase-end marked by the slanting line.

Siná G. at Gng. Smith/ ay mga Amerikáno./ Dumating silá rito sa Pilipinas/ noóng isang buwán./ Siná G. at Gng. Smith/ ay nag-áaral ng Tagalog./ Nag-áaral siláng magsalitâ/ ng wikà ng Pilipinas.

May dalawáng anák silá./ Ang mga pangálan/ ng kaniláng mga anák/ ay Peter at Mary./ Silá ay magagandá/ at malulusóg./ Umíinom silá/ ng maráming gátas/ araw-araw. Si Gng. Smith ang naglúlutò/ ng kaniláng pagkáin./ Naglúlutò siyá/ ng gúlay/ at karné./ Ang gúlay ay mabúti/ para sa mga batà./ Ang gátas/ ay mabúti rin./ Sina Peter at Mary/ ay umíinom ng maráming gátas/ áraw-áraw/ kayâ silá malulusóg./ Sina G. at Gng. Smith/ ay masasayáng magúlang Masasayá rin/ ang mga anák nilá./

F. Use the following in your own sentences.

G. Pick all the verbs or action words from the paragraphs above and give their tenses or forms:

1.	*noong isáng buwan*	(last month)
2.	*wikà*	(language)
3.	*gátas*	(milk)
4.	*karne*	(beef)
5.	*kayâ*	(so...)
6.	*masasayá*	(happy)
7.	*magulang*	(parents)

46

LESSON 16

-IN VERBS

In the *um* and *mag* verbs, the emphasis is on the doer of the action or on the action itself; in the *in* verbs, the emphasis is on the receiver of the action. The receiver then becomes the subject of the passive sentence. All *in* verbs are passive.

The meaning conveyed by an active sentence (indefinite) with *um* and *mag* is the same as the meaning of a passive sentence with *in* and its alternant *hin* (definite). Foreigners will find the last form more commonly used by the Tagalogs. See COMMON VERB FORMS: Choice (a) and (b).

The sentence structure is:

ACTION	DOER	RECEIVER
(1) *Binilí* Was bought	*ng batà* by the child	*ang aklát* the book
(2) *Binása* Was read	*ko* by me	*ang súlat* the letter
(3) *Kákanin* Will be eaten	*ni Peter* by Peter	*ang isdâ* the fish.

Note: The doer of the *in* verb is always in the *"possessive"* form: *ni Peter; ng batà; ko; niyá; mo; kanilá; nilá; akin; iyó, kanya*, and the dual form *kita*, meaning *you...by me.*, or objectives—by Peter, by me, by the child; by me, etc.

Conjugation Pattern:

Infinitive — *alisín* (*alis* + *in*) to be removed
Imperative — *alisin*
Past — *inalis* (*in* is prefixed to the vowel-initial root)
Present — *ináalis* (*in* is prefixed; first syllable redupl.)
Future — *áalisín* (*in* is suffixed again; 1st syllable reduplicated)

Infinitive — *basaín* (*basâ* + *in*) to be wet
Imperative — *basaín*
Past — *binasâ* (*in* is infixed to consonant-initial word)
Present — *binábasâ* (*in* is infixed; 1st syllable redupl.)
Future — *bábasaín* (*in* is suffixed; 1st syllable redupl.)

Infinitive — *basáhin* (*basá* + *hin*) to be read
Imperative — *basáhin*
Past — *binása* (*in* is infixed to consonant-initial word)
Present — *binábasa* (*in* is infixed; 1st syllable redupl.)
Future — *bábasahin* (*hin* is suffixed; 1st syllable redupl.)

Formation of IN Verbs

-in is suffixed.

(1) to consonant-ending roots
Ex: *alís* = *alisín; pások* = *pasúkin*

(2) to vowel-ending words with a glottal stop.
Ex: *sirâ* = *siráin; punô* = *punuin*

-hin is suffixed to all other vowel-ending words without a glottal stop.

Ex: *bása* = *basáhin; bilí* = *bilhín;*
sábi = *sabíhin*

Irregular Formations

1. With *-hin*, the final vowel of the root word is omitted when this is pronounced acute.

Ex: *bilí* = *bilhín; dalá* = *dalhín*

2. Omission of vowel in last syllable of root before suffix *-in*.

Ex: *káin* = *kánin; sunód* = *sundín;*
dakíp = *dakpín*

3. Infix *in* becomes *ni* prefixed to the past and present forms of roots beginning with *l, w* and *y*.

Ex: *linutò* = *nilutò; winalís* = *niwalís;*
yinarì = *niyarì*

Some IN Verbs

áwit	*awítin*	— to be sung
lutò	*lutúin*	— to be cooked (See No. 3 above)
sábi	*sabíhin*	— to be told or said
súlat	*sulátin*	— to be written
mahál	*mahalín*	— to be loved
bágo	*bagúhin*	— to be changed
larô	*laruín*	— to be played
gamót	*gamutín*	— to be cured
gísing	*gisíngin*	— to be awakened
inóm	*inumín*	— to be drunk
táwag	*tawágin*	— to be called
káin	*kánin*	— to be eaten (irreg.)
dalá	*dalhín*	— to be brought or carried (irreg.)
patáy	*patayín*	— to be killed
		to put out light or flame (coll.)
batì	*batíin*	— to be greeted
púri	*puríhin*	— to be praised
linis	*linísin*	— to be cleaned
bílang	*bilángin*	— to be counted

Pattern Sentences

1. *Áawitin ng mga bata ang "Báhay Kúbo."*
   Will be sung by the children "Bahay Kubo."

2. *Ginágamot ng doktór ang aking sakit.*
   Is being treated by the doctor my sickness.

3. *Nilínis ni Marta ang kanilang bahay.*
   Was cleaned by Marta their house.

4. *Sinirà ng batà ang papél.*
   Was torn by the child the paper.

5. *Lúlutuin ng katúlong ang gúlay.*
   Will be cooked by the helper the vegetables.

6. *Bilángin natin ang pera.*
   Let the money be counted by us.

7. *Bábasahin ko ang aklát ni Dr. Rizal.*
   Will be read by me the book of Dr. Rizal.

8. *Áalisín niya ang kanyang sapátos.*
   Will be removed by him his shoes.

9. *Kákanin ba nila ang mga ságing?*
   Will be eaten by them the bananas?

10. *Dinádala namin ang aklát ng Tagalog sa páaralán.*
    Is being taken (or brought) by us the book on Tagalog to the school.

Drills

A. Give the three tense forms of the verbs listed in this lesson.

B. Change the following active sentences with *um* and *mag* into passive with *in* verbs, and give the equivalents in English.

1. *Ang aming katúlong ay naglutò ng manók.* (chicken)
2. *Umáawit ng kundiman* (a Tagalog love song) *ang mga batà.*
3. *Nagbágo silá ng mga barò.*
4. *Tayo ay uminóm ng gátas áraw-áraw.*
5. *Bumábasa ako ng páhayagan* (newspaper) *sa umaga.*
6. *Naglarô ang mga batang lalaki ng pátintero.* (a native game)
7. *Nagpatáy na ng ilaw* (light) *ang aking iná.*
8. *Nagbasâ ng mga paá ang magsasaká.* (farmer)
9. *Kumain ng masarap na gulay ang malusóg na batà.*
10. *Bumílang ka ng sampúng píso.*

C. Use in sentences the imperative forms of ten of the *in* verbs in the list.

D. Transpose into active forms the Pattern Sentences.
   Do not change the tense nor the person and number.

LESSON 17

ANG and NG

To the Tagalogs, *ang* and *ng* do not give much trouble. To non-Tagalogs, however, the uses of these articles cause a little confusion. Many will use *ang* where *ng* should be, and vice versa.

ANG is used:

1. To introduce the common noun subject. Examples:

   a. Ang *batà ay mabaít at masípag.*
   The child is good and diligent.

   b. *Kumakain ng mangga* ang *dalaga.*
   The young woman is eating a mango.

2. Instead of *ay* to give more emphasis and definiteness.

   Examples:

   a. *Siya (ay)* ang *sumulat ng kuwénto.*
   He was the one who wrote the story.

   b. *Ang batà (ay)* ang *maysakit.*
   The child is the one who is sick.

NG is used:

1. To introduce the receiver of an action. Examples:

   a. *Bumili* ng *pagkain ang babae.*
   The woman bought food.

   b. *Si Elena ay nagluto* ng *manók.*
   Elena cooked the chicken.

2. To show possession. Examples:

   a. *Ang ina* ng *batà ay nagpunta sa paléngke.*
   The child's mother went to market.

   b. *Ang bahay* ng *lalaki ay bágo.*
   The house of the man is new.

3. To introduce the doer of the passive action. Examples:

   a. *Kináin* ng *óso ang tinápay.*
   The bread was eaten by the dog.

   b. *Binilí* ng *batang babae ang aklat.*
   The book was bought by the girl.

Note: The plural forms *ang mga* and *ng mga* are used in the same ways.

50

D r i l l s

Fill the blanks with *ang* or *ng* and their plural forms:

1. ———— *báhay* ———— *áking kaibígan ay nasa Donada.*
2. *Nasa Taft Ave.* ———— *páaralán* ———— *babáe.*
3. ———— *pangálan* ———— *áking asáwa ay John.*
4. ———— *pangálan* ———— *kapatíd ko ay Peter at Mary.*
5. *Kumákain* ———— *gúlay* ———— *malusóg na batà.*
6. *Umíinóm* ———— *gátas* ———— *anák* ———— *aking kápitbahay.*
7. *Si Peter* ———— *kúmain* ———— *prútas* ———— *punong-kahoy.*
8. *Magkáno ba* ———— *isáng kilo* ———— *asúkal?*
9. *Ilán* ———— *nag-áaral sa kláse* ———— *Tagálog?*
10. **Kináin** ———— **batà** ———— *isang mansanas.*

LESSON 18

HELPING VERBS

Most common of the helping verbs are:

> *dapat* — must; should; would; has to.
> *maaari* — can; may; could.
> *kailángan* — needs to; necessary.
> *íbig or gustó* — likes; desires
> *áyaw* — does not like

All of these are used with principal verbs, as:

> *Dapat kumáin* ng gulay ang mga bata.
> *Maaari kayong lumakad na.*
> *Kailangang maligò* tayo araw-araw.
> *Ibig kong mag-áral* ng Tagalog.
> *Gustó kong mag-áral* ng Kastilà.
> *Ayaw siyang uminóm* ng gatas.

In using these words, remember:

1. To use only the infinitive form of the principal verb, not the past, present, or future.

   Correct: *Dapat kumáin* ng gulay ang mga batà.
   Incorrect: *Dapat kumákain* ng gulay ang mga batà.
   Incorrect: *Dapat kákain* ng gulay ang mga batà.

2. To use the personal pronoun with a ligature between the helping verb and the principal verb.

   Correct: *Ibig kong mag-áral* ng Tagalog.
   Incorrect: *Ibig mag-áral ko* ng Tagalog.
   Incorrect: *Ibig mag-áral* ng Tagalog ako.

3. All the helping verbs (except *ibig* or *gustó*) take both nominative (*siya*) and "possessive" doer (*niya*) according to whether the action word is active (*uminóm*) or passive (*inumin*).

   Correct: *Dapat siyang uminóm* ng gátas.
   Incorrect: *Dapat siyang inumin* ang gátas.
   Correct: *Dapat niyang inumin* ang gátas.
   Incorrect: *Dapat niyang uminóm* ng gátas.

Ibig or *gusto* always takes a "possessive" doer (objective) whether the principal verb is active or passive.

4. All helping verbs ending in consonants, other than *n*, do not need ligatures; those ending in vowels need ligatures:

Correct: *Ibig uminóm* ng gátas ng batà.
Correct: *Gustóng uminóm* ng gátas ng batà.
Incorrect: *Gustó uminóm* ng gátas ng batà.

Pattern Sentences

1. *Dapat akóng sumúlat sa aking kaibígan sa Estados Unidos.*
   I must write to my friend in the United States.

2. *Dapat sulátin ni Peter ang kanyang kuwénto ngayóng gabi.*
   Peter must write his story tonight.

3. *Maaarì bang linísin mo ang aking sapátos?*
   May you clean my shoes?

4. *Maaarì akong maglínis ng iyong sapátos.*
   I can clean your shoes.

5. *Kailángang mag-áral ang mga istudiyánte araw-araw.*
   Students need to study everyday.

6. *Ibig niláng magsalitâ ng Tagalog.*
   They like to speak in Tagalog.

7. *Ibig niláng sulátin ang kuwénto sa Tagalog.*
   They like to write the story in Tagalog.

8. *Ayaw niyang kánin ang balút.*
   He does not like to eat the "balut." (fertilized duck's egg)

9. *Ayaw siyang kumain ng balút.*
   He does not like to eat the "balut".

10. *Gusto mo bang kumáin ng tinápay?*
    Do you like to eat bread?

Drills

A. Translate into Tagalog:

1. We must eat vegetables everyday.
2. Do you like to buy oranges? (*dalandan*)
3. The sick needs to sleep.
4. It is necessary to bathe everyday.
5. I like to swim.
6. He does not like to swim.
7. The child can eat now.
8. You need to clean the house.
9. I like to write stories.
10. We should love our parents.

B. Write your own sentences using these helping verbs.

LESSON 19

MA- AND *MAKA-* VERBS

MA-verbs have two types: the active and the passive. When a MA-verb is intransitive or does not need an object to complete its meaning, it is in the active form and so takes a nominative doer, as UM and MAG verbs. If it is transitive, and does need an object to complete its meaning, it should be in the passive form, and should take a doer in the "possessive" or instrumental as the *IN-* verbs.

Some examples of intransitive MA-verbs (without objects) are:

matúlog	to sleep
maligò	to take a bath
magútom	to be hungry
magálit	to be angry
magináw	to feel cold
makiníg	to listen to
mahiyâ	to be ashamed
mahigâ	to lie down
maupô	to sit
matuwâ	to be delighted
matákot	to be afraid
mamatáy	to die
malungkót	to be sad

Some examples of transitive MA-verbs (with objects) are:

mákita	to be seen accidentally
makáin	to be able to eat
máalala	to be remembered
makúha	to be able to get
márinig	to be heard
mabilí	to be able to buy
masúnog	to be burned accidentally
mabása	to be able to read
mabásag	to be broken accidentally

Conjugation Pattern

Infinitive	*matúlog* — to sleep	*mákita* — to be seen
Imperative	*matúlog*	(none)
Past	*natúlog*	*nákita*
Present	*natútulog*	*nákikita*
Future	*matútulog*	*mákikita*

Sentences

1. *Ang mga batà ay dapat matúlog nang maága.*
   Children should sleep early.

2. *Nalíligò ako araw-araw.*
   I bathe everyday.

3. *Nagútom ako kagabí pagkatapos mag-áral.*
   I was hungry last night after studying.

4. *Nagagálit ang aking ina sa mga bátang matigás ang úlo.*
   My mother is angry with hard-headed children.

5. *Nagígináw si Peter sa silíd na "air-conditioned."*
   Peter feels cold in an air-conditioned room.

6. *Nakita ko si Mary sa palengke kahapon.*
   Mary was seen by me in the market yesterday.

7. *Náaalala ko ang aking anak sa gabí bago matúlog.*
   I think of my daughter at night before sleeping.

8. *Makukúha mo na ang iyong suwéldo.*
   You can get your salary now.

MAKA- verbs have the same meaning as the MA- verbs, only they are all active and so take nominative doers. Not all MA verbs have their equivalents in MAKA. MAKA verbs can only be made from words showing action, not emotion or feeling. These generally do not have imperative forms.

Some verbs with *Maka-* are:

makatulog	to be able to sleep
makaligò	to be able to bathe
makahigâ	to be able to lie down
makaupô	to be able to sit
makabúhay	to be able to give life
makakíta	to be able to see
makakáin	to be able to eat
makaalála	to be able to remember
makakúha	to be able to get
makáriníg	to be able to hear
makabilí	to be able to buy
makasúnog	to be able to burn
makabása	to be able to read
makabásag	to be able to break

Generally the meaning they convey is "ability to do something."

Conjugation Pattern

Infinitive	*makatúlog*	*makaligò*
Imperative	(none)	(none)
Past	*nakatúlog*	*nakaligò*
Present	*nakatútulog*	*nakalíligò*
Future	*makatútulog*	*makalíligò*

Sentences

1. *Nakatúlog kagabi ang maysakít.*
   The sick was able to sleep last night.

2. *Hindi ako makaligò kung malamig.*
   I cannot take a bath when it is cold.

3. *Ang mga bata ay nakahigâ sa lupà.*
   The children are lying on the ground.

4. *Nakaúupô na ang anak nina G. at Gng. Brown.*
   The child of Mr. and Mrs. Brown can sit now.

5. *Ang pag-asa ay nakabúbuhay.*
   Hope can give life.

Accented MA and MAKA Verbs

Actions done involuntarily, unintentionally, or accidentally, are expressed in Tagalog by the use of the accented prefixes MA and MAKA. These types do not have imperative forms.

Examples of accented MA verbs are the following:

mátulog	to sleep unintentionally
mákita	to be seen accidentally
mákain	to be eaten accidentally
mábasa	to be read unintentionally
márinig	to be heard accidentally
máinom	to be drunk accidentally
mábanggâ	to be bumped unintentionally
mábaril	to be shot accidentally
mápatáy	to be killed unintentionally

The accents on the MA and the MAKA (on the KA) are retained in all tense forms.

Sentences

1. *Nátulóg ang lalaki sa loob ng simbahan.*
   The man fell asleep inside the church.

2. *Nákikita ko siya araw-araw sa palengke.*
   She is seen by me (accidentally) at the market everyday.

3. *Nákain ko ang lúmang tinápay.*
   Was eaten by me (unintentionally) the stale bread.

4. *Nárinig namin ang kanilang awit.*
   Was heard by us their song.

5. *Nábanggâ ang kotse sa pader.*
   The car bumped against the wall.

Examples of MAKÁ verbs:

makábilí	to buy without previous intentions
makábaríl	to shoot accidentally
makákita	to see involuntarily
makákain	to eat accidentally
makáinom	to drink accidentally
makábanggâ	to bump against accidentally
makárinig	to hear unintentionally
makápulot	to pick up something accidentally
makápatáy	to kill accidentally
makádalaw	to visit without previous intentions

Conjugation Pattern

Infinitive	*makátulog*	*makáligò*
Imperative	(none)	(none)
Past	*nakátulog*	*nakáligò*
Present	*nakákatulog*	*nakákaligò*
Future	*makákatulog*	*makákaligò*

Note: In accented MAKÁ, the second syllable of the prefix is repeated in the present and future; in the unaccented MAKA, the first syllable of the root word is repeated.

Sentences

1. *Nakábili siya ng magandang sapatos sa Escolta.*
   She bought (without previous intention) the pretty shoes on the Escolta.

2. *Nakábaril ng pulis ang magnanakaw.*
   The robber shot the policeman. (accidentally).

3. *Nakápulot ang bata ng sampung piso.*
   The child picked up ten pesos. (accidentally).

4. *Nakárinig siya ng putok.*
   He heard a shot.

5. *Nakádalaw si Maria sa kanyang ina.*
   Maria visited her mother. (unintentionally).

Drills

A. Make your own conjugation patterns for all the verbs in this lesson.

B. Translate freely into Tagalog:

1. The sick man is able to eat now.
2. I was seen by my teacher in the church.
3. The Bible in Tagalog can be read by me now.
4. The old woman can be able to take a bath if (*kung*) it is not cold.
5. I shall be able to leave tomorrow.
6. The medicine can be drunk (taken) by the baby. (sanggol)
7. We were able to visit her in the hospital (without intending to).
8. The man shot his companion accidentally in the head.
9. My father bought (unintentionally) an expensive dress for me.
10. I cannot sit.

C. Use orally in sentences the present tense forms of these MA verbs:

1. *maáwit* — to be sung
2. *masúlat* — to be written
3. *madalá* — to be carried
4. *malúnod* — to drown
5. *malutò* — to be cooked
6. *matáwag* — to be called
7. *mahúli* — to be caught
8. *máhuli* — to be late
9. *mamatáy* — to die
10. *mabúhay* — to live

LESSON 20

MAGING (To be or to become)

The word *maging* is used with a noun or adjective and the two words mean to become or to be what the last one says.

This is a very common helping verb in Tagalog and is used whenever we want to express a change from one state or condition to another. "To be" or "to become" are synonymous in Tagalog, they both can be expressed by *maging*.

maging mabait	to become good (or to be good)
maging Pilipino	to become a Filipino
maging masamâ	to become bad
maging gurò	to become a teacher
maging abugádo	to become a lawyer
maging tahimik	to become quiet
maging mayáman	to become rich
maging bulág	to become blind

CONJUGATION PATTERN:

Infinitive:	*maging mabait*
Imperative:	*maging mabait*
Past:	*naging mabait*
Present:	*nagíging mabait*
Future:	*magíging mabait*

In sentences:

Ang anák niya ay nagíging mabait na ngayón.
Her child is becoming good now.

Gusto kong maging gurò.
I like to be a teacher.

Ayaw mo bang maging doktór?
Don't you like to be a doctor?

Nagíging masamâ ang panahón.
The weather is becoming bad.

Ang aking kaibígan ay magíging mayáman na.
My friend will become rich already.

Kailángang maging malusóg ang lahat ng batà.
All children need to be healthy.

59

Naging kápitbahay namin silá.
They were once our neighbors.

Nagíging tahímik na ang aming bahay.
Our house is becoming quiet now.

Nagiging magandá ang anak ni G. Smith.
Mr. Smith's daughter is becoming pretty.

Mahírap maging bulág.
It is difficult to be blind.

D r i l l s

Translate and use in sentences:
1. becoming noisy
2. will become poor
3. became a hero
4. becoming industrious
5. will be a lawyer
6. became dirty
7. becoming dark
8. will be rainy
9. was a teacher
10. will be happy

LESSON 21

MAGKAROON and MAGKA-

Magkaroón means *to have*. It has all the tense forms: past, present and future, unlike *mayroon* which means the *state of having*. (See Lesson 13)

The prefix *magká-* can be used instead of *magkaroón*. They mean the same.

	magkaroón ng pera. *magkapéra*	to have money
Past:	*nagkaroón ng pera* *nagkapéra*	had money
Present:	*nagkakaroón ng pera* *nagkakapéra*	having money
Future:	*magkakaroón ng pera* *magkakapéra*	will have money

Sentences

Past:	*Nagkaroón siya ng anak na kambál.* *Nagkaanák siya ng kambál.* She had twins.
Present:	*Nagkákaroón ako ng ubó.* *Nagkákaubó ako.* I am having a cough (lit.)
Future:	*Magkákaroón kami ng bisita.* *Magkákabisita kami.* We will have visitors.
Past:	*Nagkaroón ng sakít ang batà.* *Nagkasakít ang batà.* The child was sick.
Present:	*Nagkákaroón ng ánay ang bahay.* *Nagkákaánay ang bahay.* The house is having termites. (lit.)
Future:	*Magkákaroón na siya ng trabaho.* *Magkákatrabáho na siya.* He will have a job.
Past:	*Nagkaroón sila ng bahay.* *Nagkabáhay sila.* They had a house.

Present:	*Nagkákaroón ng bulaklak ang taním.*
	Nagkákabulaklák ang taním.
	The plant is having flowers.
Future:	*Magkakaroón kami ng rádyo.*
	Magkákaradyo kami.
	We are going to have a radio.

D r i l l s

A. Translate into Tagalog using (1) *magkaroon* and (2) *magka-* in their correct tense forms:

1. They will have a pretty house in Quezon City.
2. Did you have any sickness last year? (literal)
3. We are having a happy class in Tagalog.
4. He will have a wife next month. (literal)
5. The children will have books now.
6. He did not have plenty of money in his business.
7. My child is having a friend.
8. We shall have a good teacher.
9. The rich man will have a new car.
10. I like to have a good friend.

B. Conjugate orally in *magkaroon* and *magka-* ten other verbs not listed in this lesson.

LESSON 22

TO THINK and TO GO

To think as used idiomatically in English does not mean to do some deep thinking as the word implies. When used this way, its equivalent in Tagalog can be expressed by the general word *tíla* (meaning, *it seems*) or *akalà* (to suppose). *Sa akalà ko* = to my thinking (literal).

We say in English:

> I think you are a bright man.
> I think it will rain.
> I think he is angry.
> I think he is crazy.
> I think she is prettier now.

In Tagalog:

> *Sa akalà ko ikaw ay matalíno.*
> *Tila úulan.*
> *Tila nagágalit siya.*
> *Sa akalà ko siya'y loko.*
> *Tila siya'y lalong maganda ngayón.*

But when used to mean "to do some real thinking" or "to ponder over something" its equivalent in Tagalog is *umisip* (active) or *isipin* (passive).

We say:

> *Umiísip siya ng lalong mabuting paraán.*
> He is thinking of a better way.

> *Umiísip kami ng mágagawâ.*
> We are thinking of what can be done.

> *Iisipin ko ang dapat gawín.*
> I shall think of what should be done.

> *Iniisip niya ang kanyang mga sinásabi.*
> She thinks of what she says.

> *Inisip ko pa ang kanyang pangálan.*
> I had to think yet of her name.

Likewise, *to go* as used in English to mean other than "to leave for a place or destination," has its equivalent in Tagalog in the use of the tense-forms of the action word.

Examples: We will go to swim.
Lálangóy kami.

We will go to bed.
Matutúlog kami.

We went to visit a friend.
Dumálaw kami sa isang kaibígan.

We are going to eat now.
Kákain na kami ngayón.

In the real sense of the verb, *to go* is used as follows:

We will go to church.
Pupuntá kami sa simbáhan.

They went to the beach.
Pumunta sila sa tabíng-dágat.

He goes to Manila everyday.
Pumupuntá siya sa Maynila araw-araw.

TO LOVE

To love as used idiomatically in English (meaning *to like*) has its equivalent in *gustó* or *ibig* in Tagalog.

We hear Americans say:

I love to swim.
I love to cook.
I love to listen to good music.
I love to walk in the rain.
I love to read before going to bed.

In Tagalog, we say:

Gusto (or ibig) kong lumangóy.   (Gustúng-gustó, for intensity)
Gusto kong maglutò.
Gusto kong makiníg ng magandang tugtúgin.
Gusto kong lumakad sa ulan.
Gusto kong magbasá bago matulog.

To love as used in the real sense of the expression is *mahalin* or *ibigin* in Tagalog, as in:

My parents are loved by me.
Minámahál ko ang aking mga magúlang.

His dog is loved by him.
Minámahál niya ang kanyang áso.

His youngest child is loved by him most.
Minámahál niya ang kanyang bunsô nang higít sa lahat.

Their teacher is loved by them.
Minámahál nila ang kanilang gurò.

Our country must be loved by us.
Dapat nating mahalín ang ating bayan.

We would like to call the attention of our readers to the uses of *mahalín* and *ibígin.*

Ibigin or *umibig (pag-ibig,* verbal noun) is used for sensual love. We use this word with that kind of love that exists between a man and a woman before marriage. But after the first months or years, when there develops between the husband and wife a more filial attachment, we use *mahalin* or *magmahál* (*pagmamahál*, verbal noun). For the love that exists between father and child, mother and child, brothers and sisters, etc., *mahalín* or *magmahál* is used, not *ibigin* or *umibig*.

Proper:	*Minámahal ko ang aking anak.*
Improper:	*Iniíbig ko ang aking anak.*

Proper:	*Minámahal nila ang kanilang amá.*
Improper:	*Iniíbig nila ang kanilang ama.*

Proper:	*Nagmámahálan ang magkakapatíd.*
Improper:	*Nag-iibigan ang magkakapatíd.*

D r i l l s

Write the following sentences in good Tagalog:

1. I love to walk in the rain.
2. Peter's dog loves him very much.
3. God loves us all.
4. I love my brother more than my sister.
5. Are you in love with that man?
6. My mother loves good books.
7. Do you like this?
8. He loves his children.
9. I love to play the piano.
10. The rich bachelor loves the poor girl.

LESSON 24

RELATIVE PRONOUNS: WHO, WHICH, THAT

When a ligature (*na, -ng -g*) connects a substantive noun or pronoun to an action word (verb), it does more than link the two, it is used as a relative pronoun meaning *who, which* or *that.*

ang bata*ng* kumakain ang kumakai*ng* bata	'the child who is eating.'
ang bahay *na* nasunog ang nasunog *na* bahay	'the house which was burned'
ang pagkai*ng* nilutò ang niluto*ng* pagkain	'the food that was cooked'

The italicized letters in the above examples stand for *who, which* and *that.*

In sentences:

Ang súlat na tinanggáp ko ay kanyá.
The letter that I received is hers.

Maliít ang sapatos na binilí ko.
The shoes that I bought are small.

Kaming nag-áaral ang ináabala mo.
We who are studying are being disturbed by you. (Lit.)

Magagandá ang mga babaing umáawit.
The women who are singing are beautiful.

Ang lalaking natútulog ay ginígising ng batà.
The man who is sleeping is being awakened by the child.

Ang tinátawag mo ay iyong mga umáalis.
The ones you are calling are those who are leaving.

NOTE:

With names of persons *na* can be used to avoid transient letters added to them, as in:

Si Pedro na umáawit ay kaibígan ko.
Pedro who sings is my friend.

Si Juan na sumulat nito ay may sakít.
Juan, who wrote this, is sick.

It is not wrong though, to say:

> *Si Pedrong umáawit ay kaibigan ko.*
> *Si Juang sumulat nitó ay may sakit.*

D r i l l s

A. Translate into Tagalog:

1. The man who is talking is my father.
2. The pair of shoes that I bought is very large.
3. The boy who eats vegetables is healthy.
4. The dog which we bought is very pretty.
5. The book which I read was written by Romulo.
6. The child who was sick was taken to the hospital.
7. The chicken that I ate was delicious.
8. They, who are sleeping, are lazy.
9. The dress which she will use (*gamitin*) is expensive.
10. The chair that he broke is old.

B. Write ten more of the subject-action sequence and use them in sentences.

C. Read aloud the basic material on pp. 185-186 "*Sulat ng Isang Kaibigan*" and make a list of all the verbs used. Find out how many are in the active and how many in the passive forms.

LESSON 25

PAKI- FOR REQUESTS

PAKI- and *MAKI-* are prefixes added to action roots to form verbs used for requests. They are the equivalent of *please.*

PAKI verbs are passive, like *IN*, and so take a doer in the possessive form (or instrumental).

MAKI verbs are active, like *UM*, and so take a doer in the nominative form.

Although they have all tense forms, the imperative is mostly used. The Tagalogs, as we have mentioned before, speak more in the passive and so *PAKI* verbs are more widely used in requests than their active forms. Both are prefixed to roots.

Conjugation Pattern

Infinitive	*makikúha*	(to please get)	*pakikúha*
Imperative	*makikúha*		*pakikúha*
Past	*nakikúha*		*pinakikúha*
Present	*nakíkikúha*		*pinakíkikúha*
Future	*makikikúha*		*pakíkikúha*

Sentences

1. *Pakikúha mo ang aking barò.*
   Please get my dress.
2. *Pakibása mo sa akin ang kuwénto.*
   Please read to me the story.
3. *Pakisúlat mo ang iyong pangálan.*
   Please write your name.
4. *Pakidalá mo ang aking sulat sa Post Office.*
   Please take my letter to the Post Office. (*or Koreo*)
5. *Makilutò ka ng adóbong manók.*
   Please cook the chicken "adobo." (a Filipino dish)
6. *Makitáwag ka ng doctór para sa akin.*
   Please call a doctor for me.
7. *Pinakitáwag ko ang doktór sa kanya.*
   I requested her to call the doctor for me.
8. *Makíkidalá ako ng balútan sa iyo.*
   I shall request you to carry a package for me.
9. *Pakikikúha ko sa katúlong ang aking sapátos.*
   I shall request the housemaid to get the shoes for me.
10. *Pinakíkisakáy niya ang batà sa aming kótse.*
    She requests us to give the child a ride in our car.

Ngâ is a particle in Tagalog commonly used in these requests to give intensity. *Namán* is another. Even without *PAKI-* the use of these particles "soften" any command or order to do one thing. They are used as follows:

Pakikúha mo *ngâ* ang aking barò.

Kúnin mo *ngâ* ang aking barò.

Kúnin mo *namán* ang aking barò.

Another way of expressing a request other than the use of *PAKI-* is by using the auxiliary verb *maaarì* with *ba,* as in:

Maaarì bang kunin mo ang aking baro?
May you get my dress?

Maaarì bang basahin mo ang kuwento?
May you read the story?

Maaari bang bumilí ka ng tsokoláte para sa akin?
May you buy the chocolate for me?

The usual answer to this is: *Opò, maaari* or *Oo, maaarì.* All the above forms of request are demanded in polite society. A student of Tagalog must learn the habit of using one of them.

LESSON 26

SAAN AND *NASAAN*

Saán ......? is answered by *sa* .... (Name of place)
            or *díto* — here (near the person speaking)
                díyan — there (near the person spoken to)
                doón — there (far from both)
Násuán....? is answered by *nása* .... (Name of place)
                nárito
                náriyán
                nároón
An answer with *SA* indicates the place where an act was, is, or will be performed.

An answer with *NASA* indicates the place where one or a thing is.

SAÁN is followed by an action word (verb), as in:

QUESTIONS:

1. *Saán pumuntá si Peter?*
   Where did Peter go?

2. *Saán magsásalitâ si Dr. Smith?*
   Where will Dr. Smith speak?

3. *Saán táyo kákain?*
   Where shall we eat?

4. *Saán kayó nagpasko?*
   Where did you spend your Christmas?

5. *Saán silá magbábasá?*
   Where will they read?

ANSWERS:

1. *Pumuntâ si Peter sa Baguio.*
   Peter went to Baguio.

2. *Magsásalitâ si Dr. Smith sa ospital.*
   Dr. Smith will speak in the hospital.

3. *Díto tayo kákain.*
   We shall eat here.

4. *Sa Tagaytay kamí nagpaskó.*
   We spent Christmas at Tagaytay.

5. *Doón sila magbábasá.*
   They will read there.

71

NÁSAÁN is always followed by a substantive, noun or pronoun.

QUESTIONS:

1. *Násaán ang batà?*
   Where is the child?

2. *Násaán si Mary?*
   Where is Mary?

3. *Násaán ang bahay ninyo?*
   Where is your house?

4. *Násaán ang aking sapátos?*
   Where are my shoes?

5. *Násaán sila?*
   Where are they?

ANSWERS:

1. *Nasa páaralán ang batà.*
   The child is in the school.

2. *Nasa bahay si Mary.*
   Mary is in the house.

3. *Ang bahay namin ay nasa Quezon City.*
   Our house is in Quezon City.

4. *Nasa silid ang iyong sapátos.*
   Your shoes are in the room.

5. *Nasa paaralan silá.*
   They are in school.

D r i l l s

A. Answer the following questions orally:

1. *Násaán ang iyóng lápis?*
2. *Saán nagpuntá ang kaibígan mo?*
3. *Saán nakatirá ang iyóng mga magúlang?*
4. *Saán siyá gáling?*
5. *Násaán ang bátang nag-áaral?*
6. *Saán kayó kumáin kanína?*
7. *Saán pumuntá ang mga bata?*
8. *Saán kayó nag-áaral ng Tagalog?*
9. *Násaán ang páaralán ninyo?*
10. *Násaán ang inyóng gurò?*

B. Write sentences using *Sa* and *Nasa* about your city.

LESSON 27

PREPOSITION *SA*

SA is a versatile word in Tagalog. It is used for the English prepositions *in, to, from, into, on, for, through, at,* etc.

For *in*:

> We are studying *in* the classroom.
> Nag-áaral kami *sa* silid-aralan.

> She will sing *in* our program.
> Aawit siya *sa* aming palátuntunan.

For *to*:

> We shall go *to* Tagaytay tomorrow.
> Pupunta kami *sa* Tagaytay búkas.

> I shall give this *to* her.
> Ibibigay ko ito *sa* kanya.

For *from*:

> We came *from* Baguio.
> Galing kami *sa* Baguio.

> *From* what I read, that is not true.
> *Sa* nabasa ko, iyan ay hindi totoo.

For *for*:

> I gave a party *for* my friend.
> Nagbigáy ako ng sálu-salo *sa* aking kaibigan.

> This dress is *for* her.
> Ang bestidong ito ay *sa* kanya.

For *on*:

> The book *on* the table is new.
> Ang aklat *sa* mesa ay bago.

> I live *on* Taft Avenue.
> Nakatira ako *sa* Taft Avenue.

For *into*:

> The dog jumped *into* the river.
> Tumalón ang aso *sa* ilog.

> I dumped the garbage *into* the can.
> Itinápon ko ang basúra *sa* lata.

73

For *over:*
>   She will sing *over* the radio.
>   Aawit siya *sa* radyo.

For *through:*
>   He passed *through* the window.
>   Nagdaan siya *sa* bintana.

>   She is our president *through* this year.
>   Siya ang pangulo namin *sa* taong ito.

For *at:*
>   She cleans the windows *at* school.
>   Nililinis niya ang mga bintanà *sa* paaralan.

>   I usually write *at* night.
>   Nagsúsulát ako *sa* gabi.

This usage of *sa* (in other Philippine dialects, too) could be the reason why the Filipinos find it difficult to remember the almost idiomatic uses of the prepositions in English.

Other Uses of SA:

1. In a prepositional phrase:

sa loób inside	*Ang ina ay pumások sa loób ng bahay.*
sa labás outside	*Kami ay kumáin sa labas ng bahay.*
sa haráp in front	*Sila ay nakatirá sa harap ng áming páaralán.*
sa tabí beside	*Umupô ka sa tabi ko.*
sa itaás above, up	*Umakyát* (climb or go up) *siya sa itaás.*
sa gitnâ in the middle	*Ang batà ay umupô sa gitna.*
sa pag-ítan in between	*Táyo ay nasa pag-ítan ng lángit at lupà.*
sa likurán behind	*Lumákad sa likurán ng "jeep" and tao.*
sa ibabâ below	*Nagpuntá sa ibabâ ang lalaki.*

In all the above uses *sa* can be changed to *nasa* if we like to express the location of someone or something.

Sa with *may* means *near* or *about: Siya ay nakatira* sa may *Dewey Blvd.* She lives near Dewey Blvd.

2. In telling the future time of *day, days, months,* and *year.*
(See Lesson 29 on *Time*)

3. To mean *from*:

Although the preposition *from* in English has its equivalent in our *sa*, it is clearer to use the phrases *gáling sa*, *mulâ sa*, or *búhat sa*.

These may be used with names of places and (except *galing sa*) with time.

With places:

    Gáling sa Baguio ang mga bágong kasál.
    The newly-weds came from Baguio.

    Mulâ sa Maynila ang aking sapátos.
    My shoes are from Manila.

    Búhat sa Tagaytay, kami ay nagbús.
    From Tagaytay, we rode on a bus.

Mulâ sa and *búhat sa* can both be used to mean *a native of* or *belonging to a place*. We say:

    Siya ay mulâ sa aming náyon.
    He is from our town.

    Ang aking ina ay búhat sa Maynila.   (taga-Maynila)
    My mother is from Manila.

Gáling sa cannot be used in this sense.

With time:

We only use *mulâ* and *búhat* with *noón* (past) and *sa* (future). We usually use *hanggáng* (until) with these forms.

    Mulâ noóng Lunes, hindi ko siya nákikita.
    From Monday (since Monday), I have not seen her.

    Búhat noong isang linggó, kami ay laging magkasáma.
    From (since) last week, we have been always together.

    Mulâ sa Lunes, sa umaga na ang klase namin.
    From Monday, our classes will be in the morning.

    Búhat sa isang linggó, kami ay magkasama na.
    From next week, we will be together.

    Mulâ sa Lunes hanggáng Biyernes, walâ kaming klase.
    From Monday to Friday, we will not have classes.

    Búhat sa Oktubre hanggáng Pebrero, magiging malamig na.
    From October to February, it will be cool.

Drills

A. Translate into Tagalog:

We went for a picnic to Tagaytay. From Manila to Tagaytay is forty-five minutes by car. We rode in three cars. There were many fruits that could be bought along the road. When we reached Tagaytay we bought pineapples, bananas and oranges at a store. We then went down to Taal Lake through difficult passages along the side of the mountains. The scenery (*tánawin*) was very beautiful. We walked near the lake and took many pictures. We had some pictures with the children of the place. They were selling oranges to us. We saw smoke on top of the Taal volcano from our cars. We wanted to swim but the water was dirty.

We rode in the cars and returned upward for the picnic place. There we ate our lunch. We were all hungry. Some played ball afterwards, the others just sat on the grass (*damó*). From here, we could see the whole Taal Lake down below. We left the place at three in the afternoon. From there we went to Taal Vista Lodge, a nice hotel in Tagaytay. There we drank the delicious liquid from young coconuts. From the hotel we looked down the lake. We were on a very high place. I was afraid to look down.

We went home to Manila at four in the afternoon, tired but very happy.

B. For your vocabulary help:
   minute — *minuto*
   pineapple — *pinyá*
   bananas — *ságing*
   oranges — *dalandan*
   passages — *daán*
   lake — *lawà*
   young coconuts — *buko*
   pictures — *laráwan*
   smoke — *úsok*

C. Underline all your phrases with *sa*.

LESSON 28

NOUNS AND PRONOUNS AS INDIRECT OBJECTS

An indirect object in Tagalog is a noun or pronoun that tells to or for whom something is done or intended. Our indirect objects are introduced by the prepositions SA and PARA SA; KAY and PARA KAY. Pronoun indirect objects are always in the preposed possessive forms: *akin, amin, atin, iyo, inyo*, etc.

The indirect object in Tagalog is quite different from that of English in the sense that the Tagalog sentence need not have an action word. In many cases the action is implied.

Pronouns as Indirect Objects:

1. Bumilí siya ng aklát *para sa akin.*
   He bought a book for me.

2. Ito ay álaala ko *para sa iyó.*
   This is my gift for you.

3. Magbayad kayo *sa kanya* ng útang.
   Pay your debt to him.

4. Iyan ay *para sa kanilá.*
   That is for them.

5. Bumása siya *sa akin* ng isang kuwénto.
   He read to me a story.

Nouns as Indirect Objects:

1. Bumilí siya ng aklát *para sa aking iná.*
   He bought a book for my mother.

2. Ito ay álaala ko *para sa inyong kapatíd na babáe.*
   This is my gift for your sister.

3. Dinalá ko ang aklát *sa gurò.*
   Was brought by me the book to the teacher.

4. Sumulat ako ng kuwento *para sa mga batà.*
   I wrote a story for the children.

5. Binasa niya ang páhayagan *sa kanyang amá.*
   Read by him the newspaper to his father.

Names as Indirect Objects:

With names of persons KAY and PARA KAY (singular) and KINA and PARA KINA (plural) are used. Colloquialism allows the use of SA KAY and PARA SA KAY; and SA KINA and PARA SA KINA.

1. Sumulat siya *kay Bob* kahapon.
    He wrote to Bob yesterday.

2. Bumili siya ng aklat *para kay Mary*.
    She bought a book for Mary.

3. Ito ay alaala ko *kay Helen*.
    This is my gift to Helen.

4. Magbayad kayo *sa kina G. at Gng. Smith*.
    You pay to Mr. and Mrs. Smith.

5. Bumasa siya *sa kina Peter at Johnny*.
    He read to Peter and Johnny.

D r i l l s

A. Translate into Tagalog:

   1.   He wrote to me.
   2.   She cooked for us.
   3.   He sold the shoes to John.
   4.   The mother cooks the food for her children.
   5.   She went with Charles to the Post Office.
   6.   The boy brought the book to his mother.
   7.   These flowers are for Annie.
   8.   You sing for us.
   9.   I shall sing for Mr. and Mrs. Brown.
   10. They sold their car to us.

B. Write ten sentences with pronoun indirect objects and change the pronouns to names of persons.

LESSON 29

TIME — ORAS; PANAHON

umága — morning
tangháli — noon
hápon — afternoon
gabí — night
hátinggabí — midnight
óras — hour
kalahatì — half

minuto — minute
sandalî — moment
beses — times
ilang beses — few times
hanggang — until
madalíng-áraw — dawn

Mula sa umaga *hanggang* gabi.... (present and future)
From morning until evening.

Mula noong Enero *hanggang* ngayon.... (past)
From last January until now.

Anong oras na? — What time is it?

unang óras ng umaga *a la una ng umaga*	1:00 a.m.
ikalawá ng umaga *a las dos ng umaga*	2:00 a.m.
ikatló ng umaga *a las tres ng umaga*	3:00 a.m.
ikaápat ng umaga *a las kuwatro ng umaga*	4:00 a.m.
ikalimá ng umaga *a las sinko ng umaga*	5:00 a.m.
ikaánim ng umaga *a las seis ng umaga*	6:00 a.m.
ikapitó ng umaga *a las siyete ng umaga*	7:00 a.m.
ikawaló ng umaga *a las otso ng umaga*	8:00 a.m.
ikasiyám ng umaga *a las nuwebe ng umaga*	9:00 a.m.
ikasampû ng umaga *a las diyes ng umaga*	10:00 a.m.
ikalabing-isá ng umaga *a las onse ng umaga*	11:00 a.m.

79

ikalabíndalawá ng tanghalì
  a las dose ng tanghalì .... 12:00 noon

únang óras ng hápon
  a la una ng hapon .... 1:00 p.m.

ikalawá ng hápon
  a las dos ng hapon .... 2:00 p.m.

ikatló at kalahati ng hápon
  a las tres y medya ng hapon .... 3:30 p.m.

ikaápat ng hápon
  a las kuwatro ng hapon .... 4:00 p.m.

ikalimá at labinlimáng minuto ng hápon
  a las sinko y kuwarto ng hapon .... 5:15 p.m.

ikaánim at apatnápung minuto ng gabí
  a las seis kuwarenta ng gabí .... 6:40 p.m.

ikapitó ng gabí
  a las siyete ng gabi .... 7:00 p.m.

ikawaló ng gabí
  a las otso ng gabi .... 8:00 p.m.

ikasiyám at sampúng minúto ng gabí
  a las nuwebe diyes ng gabi .... 9:10 p.m.

ikasampû ng gabí
  a las diyes ng gabi .... 10:00 p.m.

ikalabing-isá ng gabí
  a las onse ng gabi .... 11:00 p.m.

ikalabíndalawá ng hátinggabí
  a las dose ng hatinggabi .... 12:00 p.m.

n.u. = a.m.; *n.h.* = p.m.; *n.t.* = noon; *n.g.* = evening

Prefix *ika-* is used with the cardinal numbers to express
time. The equivalent in Spanish (in Tagalog orthography) is
put here too, for the simple reason that it has still a wider use
among the Tagalogs.

To answer the question *Kailán* (when?) use:

Present: *ngayón* — now; today
         ngayong umága — this morning

Past: *kanína* — a moment ago
         kahápon — yesterday
         kagabí — last night
         kamakalawá — day before yesterday
         noong Linggó — last Sunday

noong Martes — last Tuesday
noong isáng linggó — last week
noong isáng buwán — last month
noong isáng taón — last year
noong Enero — last January

NOTE: We do not say *noong kahapon*, just *kahapon*.

Linggó — Sunday
linggó — week

Future: *mámayâ* — later (within the day)
mámayáng hápon — this afternoon
mámayáng gabí — this evening
búkas — tomorrow
samakalawá — day after tomorrow
sa Linggó — next Sunday
sa Martés — next Tuesday
sa isáng linggó — next week
sa isáng buwán — next month
sa isáng taón — next year
sa Enero — next January

NOTE: We do not say *sa búkas*, just *búkas*.

Usage

Anóng oras na?
  What time is it?

Ngayón ay ikaápat ng hápon.
  It is four p.m.

Anóng áraw at oras ka ba áalís?
  What day and time are you leaving?

Púpunta kamí sa kapilya búkas sa ikapitó ng umága.
  We will go to the chapel tomorrow at 7:00 in the morning.

Dádalaw kamí sa aming kaibígan sa ikalimá ng hápon.
  We shall visit our friend at five in the afternoon.

Ang mga batà ay áawit sa Luneta búkas ng hápon.
  The children will sing at the Luneta tomorrow afternoon.

Tútugtóg ang bánda (band) *sa gabí.*
  The band will play in the evening.

Sa isáng linggó, kamí ay púpuntá sa Tagaytáy.
  Next week, we shall go to Tagaytay.

Noóng isáng buwán, pumuntá kamí sa Baguio.
  Last month, we went to Baguio.

Aalís ka ba mámayâ?
Will you leave later (within the day)?

Oo, mámayáng ikalimá.
Yes, later, at five.

Drills

A. Answer the following questions:

1. *Anóng óras ka ba áalis búkas?*
2. *Anó bang áraw ngayón?*
3. *Anóng áraw búkas?*
4. *Anóng oras ka ba púpunta sa ospitál?*
5. *Anóng oras ka ba púpunta sa kapilya?*
6. *Ilang oras ang inyóng leksiyón sa Tagalog?*
7. *Anóng oras kayo nag-áaral?*
8. *Ilang beses* (how many times) *ang inyong leksiyon sa isang linggo?*
9. *Iláng óras ang inyong leksiyón araw-araw?*
10. *Ilang óras ang inyong leksiyón sa isang linggó?*

B. Tell the following time in Tagalog. Give the Spanish equivalent.

8:00 p.m.	10:00 a.m.	5:30 p.m.
6:00 a.m.	1:00 p.m.	6:15 a.m.
3:00 p.m.	6:30 p.m.	7:45 p.m.
12:00 a.m.	2:15 p.m.	10:30 a.m.

C. Read the following aloud:
  ika-6:00 n.h.
  ika-2:30 n.u.
  ika-12:00 n.t.
  ika-8:15 n.u.
  ika-7:00 n.g.
  ika-6:45 n.g.
  ika-2:15 n.g.
  ika-10:00 n.u.

LESSON 30

WHEN, IF, AS TO . . .

When

When used in a question is *kailan*.

In statements, *when* is either *nang* or *noong* for indefinite past time and *kung* for the present and future.

EXAMPLES:

When as *Kailan*:

> *Kailan* wa aalis? *When* will you leave?
> *Kailan* ka dumating? *When* did you arrive?

When as *nang* or *noong* (indefinite past time) :

> *Nang* (*Noong*) ako'y maliit, ako'y may aso.
> When I was small, I had a dog.

> Nakita ko siya *nang* (*noong*) *ako* ay nasa Estados Unidos.
> I saw him when I was in the United States.

When (or *if*) as *kung* (present and future time).   Syn.: *Kapag*.

> *Kung* aalis ka, sasama ako sa iyo.
> *When* (or *if*) you leave, I shall go with you.

> Naghihilik (*maghilik* — to snore) siya *kung* natutulog.
> He snores *when* he is sleeping.

If and As To . . .

If (or *when*) is *kung*. It denotes action in the present and future. (see above). Conjunctions *pag* or *kapag* are synonymous with *kung* in this.

We have another use for *Kung*:

kung sino	— (as to)	who
kung ano	— (as to)	what
kung alín	— (as to)	which
kung saán	— (as to)	where
kung kailán	— (as to)	when
kung paáno	— (as to)	how
kung kaníno	— (as to)	whom

83

Aywan ko *kung sino siyá.*
I do not know who he is.

Sabihin mo *kung anó* ang iyong gustó.
Say what you like.

Sabihin mo *kung alín* ang gusto mo.
Say which one you like.

Pupunta tayo *kung saan* mo ibig.
We shall go to where you like.

Alám mo ba *kung kailan* siya bábalik?
Do you know when he will return?

Hindi ko alám *kung paano* magsayaw ng Tinikling.
(Philippine folk dance)
I do not know how to dance the Tinikling.

Sásabihin ko *kung kanino* iyán.
I shall tell to whom that belongs.

D r i l l s

A. Translate into Tagalog:

1. We shall study Tagalog if you like.
2. We shall study Tagalog when you like to.
3. Are you coming with us if we go to Tagaytay?
4. I asked him (as to) who his father is.
5. We eat when we are hungry.
6. I know when he will speak.
7. She cries when she is angry.
8. If you eat much you will be sick.
9. We were friends when we were young.
10. I shall eat if she eats.

B. Use in sentences the following:

1. *When* as *kailan?*
2. *When* as *nang.*
3. *When* as *noong.*
4. *When* as *kung.*
5. *When* as *pag* or *kapag.*
6. *Kung* with all the interrogatives.

LESSON 31

VERB ROOTS

Some roots of action words can be used as verbs in the past and present tenses; and as adjectives to describe the subject. When used with *ang*, the verbal root becomes a noun and is used as the subject of the sentence.

Some of these verb roots are the following:

áral	from *mag-áral* —	to study
sábi	„ *sabihin* —	was said
alám	„ *málaman* —	to be known (things)
kilála	„ *mákilala* —	to be known (persons)
dalá	„ *dalhín* —	to be brought or carried
tanóng	„ *tanungín* —	to be asked
sagót	„ *sagutín* —	to be answered
lakí	„ *lumakí* —	to grow
íbig	„ *ibígin* —	to be loved or liked
gáling	„ *manggáling* —	to come from
áyaw	„ *umayáw* —	to decline or dislike
	or *ayawán* —	to be declined or disliked

In Sentences

1. Saan *áral si* John? (nag-áral)
   Where did John study?

2. Anó ang *sábi* niya? (sinabi)
   What did he say?

3. *Alám* ko ang kanyang pangálan. (nálalaman)
   I know his name.

4. *Kilála* ko ang kanyang amá. (nákikilala)
   I know his father.

5. *Dalá* ni Peter ang kanyang bóla. (dinádala)
   Peter is carrying his ball.

6. *Tanóng* ng bata, "Nasaan ka?" (tinánong)
   Was asked by the child, "Where are you?"

7. "Nárito," sagot ko. (sinágot)
   "Here," I answered.

8. Ako ay *lakí* sa hirap. (lumakí)
   I grew up in poverty.

9. *Ibig* ng lalaki ang magandang babáe.   (iniibig)
   The pretty woman is loved by the man.   (or *liked*)

10. *Gáling* kami sa Tagaytay.   (nanggaling)
    We came from Tagaytay.

D r i l l s

A. Translate:

1. I know that he is good.
2. What was said by you?
3. Is he liked by the woman?
4. He does not like the life in the province. (probinsiya)
5. He came from California.
6. This gift came from my sister.
7. Tom has studied in Spain.
8. She grew up in the city.
9. Did you come from there?
10. The dirty shoes are being carried by the boy.

B. When the roots are preceded by the article *ang* or its plural
    form, they are used as subjects in the sentence.   Write five
    sentences using these action roots as subjects.

    Ex.: Ang *aral* sa unibersidad ay mahirap.
    A university education (or study) is difficult.

LESSON 32

ACTION AND DESCRIBING WORDS USED AS NOUNS

A grammatical formation commonly found in Tagalog is the use of either a verb or an adjective as a noun. Although it is possible to use any part of speech as a noun just by preceding it by an article we shall study here only the uses of action and describing words as nouns since these are more widely used.

By using the articles *ang, ng,* and the preposition *sa* (and their plural forms) with any tense of the verb, the meaning conveyed is *"the one who..., the thing that..., the one which...,* or *what is...* The person or thing talked of is implied and understood.

The sentences below are both correct but the first one has a wider use:

1. *Ang kumáin* ng manggá ay si Jose.
   The one who ate the mango is Jose. (a fruit)

2. *Ang batang kumain* ng manggá ay si Jose.
   The child who ate the mango is Jose.

Pattern Sentences

1. Binabása mo ba *ang sinusulat ko?*
   Are you reading what is being written by me?

2. *Ang nagsásalitâ* ay ang pangulo.
   The one who is speaking is the president.

3. Masaráp *ang lúlutuin* ko para sa iyo.
   What I shall cook for you is delicious.

4. *Ang natútulog* ay parang anghél.
   The one sleeping is like an angel.

5. Naaáwà ako *sa humíhingî* ng pera.
   I pity the one asking for money.

6. Humíhingî siya *ng kinakáin* ko.
   He is asking for what I am eating.

7. *Ang sinásabi* niya ay hindi totoó.
   What is said by him is not true.

8. *Sa nag-áaral,* ang sípag ay kailangan.
   To one studying, diligence is necessary.

9. Kumúha siya *ng maglílinis* ng bahay.
   He got one who will clean the house.

10. Nákita ko *ang binabása* niya.
    Was seen by me what is being read by her.

Describing words too, in all their degrees, are used in the same ways. Examples of these are:

1. *Ang mabaít* ay maraming kaibigan.
   The good has many friends.

2. Nagagálit ang gurò *sa mga tamád*.
   The teacher is angry with the lazy ones.

3. *Ang mahihírap* ay walang maraming kaibigan.
   The poor do not have many friends.

4. Dapat nating igálang *ang matatandâ*.
   The old must be respected by us.

5. Hindi magugútom *ang masípag*.
   Will not be hungry the industrious.

Drills

A. Use in sentences the following phrases, making them subjects, predicates, or objects:

1. ang mayáman
2. ang nag-áaral
3. sa naglulútò
4. sa mga magagandá
5. ng naglilínis
6. ang umalís
7. sa dumating
8. ang natutúlog
9. ng mga masaráp
10. ang magágalit

B. Translate into Tagalog:

1. What he writes is good.
2. The one who came was my father.
3. This will be for the poor.
4. The one she loves is an intelligent man.
5. I shall give this to the leaving one.
6. The one which he read was Rizal.
7. The thing she ate was not good.
8. The one which is good is the thing I bought.
9. The expensive one should not be bought.
10. The fat are happy.

LESSON 33

I- VERBS

The definite or passive prefix *I-* generally expresses the means or instrument by. which an action is brought about. It has other meanings though: it may express the means for the accomplishment of an action; it may denote cause and time of action; etc. Most of the time the meaning conveyed is: to do something for another. To know how to use this verb, one must know the active form of the root: is it an *UM* or a *MAG-* verb? If both, are their meanings similar?

The *I*-verbs are only used when the active forms of *UM* and *MAG* have direct objects.

Usually the *I*-verb is the passive form of *MAG*, seldom of *UM*. One variant of *I*-verb is *IPAG-*. Some *MAG-* forms take *IPAG-* for their passive and follow Pattern A of the following sentence patterns.

A. When the I-verb has its active form in UM, the *indirect object* becomes the subject:

    1. Bumilí ng isdâ ang babáe *pára sa kanyang iná.*
       Ibinilí ng babáe ng isdâ *ang kanyáng iná.*
       The woman bought fish for her mother.

    2. Bumása ng aklát ang gurò *pára kay Joe.*
       Ibinása ng aklát ng gurò *si Joe.*
       The teacher read a book for Joe.

B. When the I-verb has its active form in MAG, the *direct object* becomes the subject:

    1. Naglutò siyá *ng pagkáin* para sa anák.
       Iniluto niya *ang pagkáin* para sa anák.
       She cooked the food for her child.

    2. Nag-áyos *ng silíd* ang babáe.
       Iniáyos ng babáe *ang silíd.*
       The woman arranged the room.

C. When the UM and MAG verbs have similar meanings, the I-verb is used as in Pattern A.

       Bumása ng aklát ang gurò *para sa batà.*
       Nagbasá ng aklát ang gurò *para sa batà.*
       Ibinása ng aklát ng gurò *ang batà.*
       The teacher read the book to the child.

Verbs With I

Note: The articles in parentheses are to be used with the *receiver* of the action of each verb.

ibilí	*(ng)*	to be bought for another
ihánap	*(ng)*	to have one look for something
ilutò	*(ang)*	to be cooked
iturò	*(ang)*	to be taught or pointed to another
ihúlog	*(ang)*	to let something fall
itápon	*(ang)*	to be thrown away
ibigáy	*(ang)*	to have something given to another
itaním	*(ang)*	to be planted
iwalâ	*(ang)*	to be lost
iáyos	*(ang)*	to have something put in order
idagdág	*(ang)*	to be added
ialís	*(ang)*	to be removed
ibalík	*(ang)*	to be returned
ibalità	*(ang)*	to be given out as news
ibása	*(ng)*	to be read for another
isúlat	*(ng)*	to be written for another
ilagáy	*(ang)*	to be placed in or on
ibilád	*(ang)*	to be placed in the sun
ihirám	*(ng)*	to be borrowed for another

Conjugation Pattern

isúlat — to be written for another

Infinitive — *isulat*
Imperative — *isulat*
Past — *isinúlat*
Present — *isinusúlat*
Future — *isusúlat*

isáma — to be accompanied

isáma
isáma
isináma
isinasáma
isasáma

Verb roots beginning with vowels and *h l y* and *w* form their past and present by changing infix *in* to *ni*.

ihanap — to seek something for another

Infinitive — *ihánap*
Imperative — *ihánap*
Past — *inihánap* (not *ihinanap*)
Present — *inihahánap*
Future — *ihahánap*

ilutò — to be cooked

ilutò
ilutò
inilutò (not *ilinuto*)
inilúlutò
ililutò

Sentence Patterns

1. *Ibinilí ako ng barò ng aking iná.*
   I was bought a dress by my mother.   (literal)
   My mother bought a dress for me.   (free)

2. *Ihahánap ko siya ng bágong aklát.*
   She will have a new book looked for by me.
   I shall look for a new book for her.

3. *Ilutò mo ang isdâ ngayóng gabí.*
   Let the fish be cooked by you tonight.
   Cook the fish tonight.

4. *Itinuturò niya sa amin ang wíkang Tagalog.*
   The Tagalog language is being taught by her to us.
   She is teaching us the Tagalog language.

5. *Ihuhúlog ko ang súlat sa Post Office.*
   The letter will be dropped at the Post Office by me.
   I will drop the letter at the Post Office.

6. *Itinápon niya ang lúmang tinápay.*
   The old bread was thrown away by him.
   He threw away the stale bread.

7. *Ibigáy mo sa akin ang páhayagan.*
   Let the newspaper be given by you to me.
   Give me the newspaper.

8. *Itátaním ng aming katúlong ang ságing.*
   The banana will be planted by our helper.
   Our helper will plant the banana.

9. *Iniwalâ ni Peter ang aking bóla.*
   My ball was lost by Peter.
   Peter lost my ball.

10. *Ibíbilád ko ang sapátos.*
    The shoes will be put in the sun by me.
    I shall put the shoes in the sun.

D r i l l s

A. Write your own sentences using the other I-verbs in the list.

B. Transpose the sentences above in their active forms using MAG- or UM. The doer or agent of the passive act will now be the subject of your sentence.

C. Try to repeat orally the different tense forms of as many I-verbs as possible.

Common Errors with I-verbs

There are no Tagalog words:

balitain	from *balità*
hulugin	from *húlog*
tanimin	from *taním*
punasin	from *púnas*
turuin	from *turò*
tapunin	from *tápon*
walain	from *walá*
balikin	from *balík*
bukasin	from *bukás*
sarahin	from *sará*

Instead, we have:

ibalità	to relay or give out news
ihúlog	to let something fall or drop
itaním	to be planted
ipúnas	to use for wiping
iturò	to be taught
itápon	to be thrown away
iwalá	to have something lost
ibalík	to be returned
ibukás	to be opened
isará	to be closed

So that the past forms of these words are: not:

ibinalità	*binalita*
inihúlog	*hinulog*
itinaním.	*tinanim*
ipinunas	*tinurò*
itinápon	*tinapon*
iniwalá	*niwala*
ibinalík	*binalik*
ibinukás	*binukas*
isinará	*sinara*

Drills

Translate into Tagalog using I-verbs.

1. Peter lost his ball.
2. Cook the meat for us.
3. He returned the book to the library.
4. Open the door.
5. He closed the windows.
6. She taught me Tagalog at the Philippine Women's University.
7. I shall buy a dress for my child.
8. He gave me a pretty flower.
9. Get some food for the old man.
10. The woman planted the tree in the garden.

LESSON 34

-AN (-HAN) VERBS

-AN usually represents place, replacing an adverb of place, or the preposition, which would be employed if we use another form of verb. It gives several meanings to the words it is suffixed to, so that in this lesson, individual action words, rather than group meanings, will be studied.

Like the *IN* verbs:

-AN is suffixed to

(1) consonant-ending roots

(2) vowel-ending words pronounced with a glottal stop

-HAN is suffixed to all other vowel-ending words without a glottal stop.

Sentence Patterns

With *-AN* (*-HAN*), the indirect object or place becomes the subject, and the agent or doer of the passive act is in the possessive. The direct object, if there is any, shall be preceded by *ng*. Where there are no *-IN* forms, the direct object becomes the subject of the *AN* verb.

A. WITHOUT OBJECT

1. Sumúlat ang batá *sa aklát.* (place)
   Sinulátan ng batà *ang aklát.*
   The child wrote on the book.

2. Magbasá ka *sa ákin.* (indirect object)
   Basáhan mo *akó.*
   You read to me.

B. WITH OBJECT

1. Sumúlat ang batà ng pangalan niya *sa aklat.* (place)
   Sinulata*n* ng bata ng pangalan niya *ang aklat.*
   The child wrote his name on the book.

2. Magbasa ka ng kuwento *sa akin.* (indirect object)
   Basahan mo *ako* ng kuwento.
   You read to me a story.

C. IN PLACE OF *-IN*: (When there is no *IN*-form)
   Magbukás ka ng pintô.
   Buksán mo ang pintô.
   Open the door.

Conjugation Pattern

Infinitive	*alisán* (*alis-án*) — to remove something from
Imperative	*alisán*
Past	*inalisán*
Present	*ináalisán*
Future	*áalisán*
Infinitive	*basáhan* (*basá-han*) — to be read to
Imperative	*basáhan*
Past	*bínasáhan*
Present	*binábasahan*
Future	*bábasahan*
Infinitive	*lagyán* (Irregular: *lagay-an*) — to be filled or put into (on)
Imperative	*lagyán*
Past	*nilagyán* (with *l w y* in becomes *ni* for euphony)
Present	*nilálagyán*
Future	*lálagyán*

AN- Verbs

REGULARS:

bawásan	to be diminished or reduced
butásan	to have a hole bored
bantayán	to be watched
halikán	to be kissed
damitán	to have a dress put on someone
bayáran	to be paid
sabúgan	to be scattered
abután	to have something handed over
alagáan	to be taken care of by
anyayáhan	to be invited
ayawán	to be refused or declined
upáhan	to be rented
sulátan	to have something written on
upuán	to have something seated on
bihísan	to have someone's dress changed
samáhan	to be accompanied
hugásan	to be washed (not clothes)

IRREGULARS:

The regular forms are in parentheses. The second vowel of the regular form is dropped. There are other changes in the words.

labhán	(*labahan*)	to be washed (with clothes)
lagyán	(*lagayan*)	to have something placed or put in
sundán	(*sunuran*)	to be followed
lakhán	(*lakihan*)	to be enlarged

94

bigyán	(*bigayan*)	to be given
tamnán	(*taniman*)	to be planted on
takpán	(*takipan*)	to be covered
hingán	(*hingian*)	to be asked for something
asnán	(*asinan*)	to be salted
tirhán	(*tirahan*)	to be lived in
tignán	(*tinginan*)	to be looked at
higán	(*higaan*)	to be lain on
sakyán	(*sakayan*)	to be ridden
saktán	(*sakitan*)	to be hurt
buksán	(*bukasan*)	to be opened
tawánan	(*tawahan*)	to be laughed at
kúnan	(*kuhanan*)	to be taken from
dalhán	(*dalahan*)	to be brought to
bilhán	(*bilihan*)	to be bought from
hipan	(*hihipan*)	to be blown with the breath.

Sentences

1. *Inalisán ng babáe ng pagkáin ang anák.*

   The child had the food removed (from her) by the
   woman.   (Literal)
   The woman removed the food from her child. (Free)

2. *Bábasahán ko ng magandáng kuwénto ang aking amá.*

   My father will be read a nice story by me.
   I will read a nice story to my father.

3. *Lagyán mo ng álak ang báso.*

   Let the glass be filled with wine by you.
   Fill the glass with wine.

4. *Hinalikán ng batà ang kamáy ng kanyáng lóla.*
   (*hinagkan*)

   The hand of the grandmother was kissed by the child.
   The child kissed the hand of her grandmother.

5. *Bayáran mo akó ng iyong útang.*

   Let me be paid your debt by you.
   Pay me your debt.

6. *Nilabhán ng katúlong ko ang aming damít.*

   Our clothes were washed by my helper.
   My helper washed our clothes.

7. *Sundán ninyó ang itinuturò ko.*

   Let what I teach be followed by you.
   Follow what I teach.

8. *Pakinggán ninyó ako.* (*pa-an*)

   Let me listened to by you.
   You listen to me.

9. *Buksán mo ang bintanà.*

   Let the window be opened by you.
   Open the window.

10. *Súsulatan ko ang aking iná.*

    My mother will be written to by me.
    I will write to my mother.

D r i l l s

A. Change into their active forms the sentences above and tell what was used as subject in the passive form: the indirect object or the place?

Example:

Passive—*Inalisán ng babae ng pagkáin ang ának.*
Active—*Nag-alís ang babae ng pagkáin sa anák.*
Subject—*anak* (indirect object)

B. Make your own conjugation patterns for ail the AN verbs in this lesson—regular and irregular.

C. Change the following active sentences into passive with

   (1) I- verb and (2) AN

1. *Bumása ang batà ng páhayagan sa kanyang lola.*
   The child read the newspaper to her grandmother.

2. *Naglutò ang babae ng isdâ sa kawalì.*
   The woman cooked the fish in the pan.

3. *Nagbáyad siya ng sampúng piso sa akin para sa sapatos.*
   He paid me ten pesos for the shoes.

4. *Maglálagay siya ng tubig sa mga baso.*
   She will put water in the glasses.

5. *Magtakíp ka ng panyô sa mukhâ.*
   Cover your face with a handkerchief.

LESSON 35

MODIFIERS TO ACTION WORDS

A. MANNER OF ACTION (Adverbs of this kind are general-
ly introduced by *nang*)

> *biglâ, agád* — suddenly; at once

>> *Siya ay tumayóng biglâ.* (*biglâng tumayô*)
>> *Siya ay tumayô agád.* (*agád tumayô*)
>> He stood up suddenly.

> *paupô* — sitting
> *patayô* — standing
> *pahigâ* — lying down

The equivalents of participles used in adverbial **manner**
are formed by prefixing *pa-* to action roots.

>> *Ang batà ay nagbasá nang paupô.*
>> The child read sitting.

>> *Ang batà ay nagbasá nang patayô.*
>> The child read standing.

>> *Ang batà ay nagbasá nang pahigâ.*
>> The child read lying down.

ganitó—like this (near the speaker)
ganyán—like that (near the one spoken to)
ganoón—like that (far from both)

> *Ganitó siyá kung lumákad.*
> She is like this when she walks.   (lit.)
> She walks like this.   (free)

mabilís—fast

> *Si Peter ay kumakáin nang mabilís.*
> Peter is eating fast.

dáhan-dáhan—slowly; softly

> *Magsalitâ ka nang dáhan-dáhan.*
> (You) Speak softly.

> *Dáhan-dáhan siyang lumalakad.*
> She walks slowly.

B. PLACE OF ACTION

Díto—here (near the person speaking)
Diyán—there (near the person spoken to)
Doón—there (far from both)

> *Naglálarô ang aking kapatíd na laláki díto.*
> My brother plays here.

saanmán—wherever

> *Saanmán siya pumuntá, sasama akó.*
> Wherever she goes, I shall go with her.

> *Saán ka man pumuntá, sásama akó.*
> Wherever you go, I shall go with you.

sa loób—inside
sa labás—outside

> *Naglalarô ang mga batà sa loób.*
> The children are playing inside.

and all other places with *SA*.

búhat—from
magbúhat—from
mulâ—from

buhat sa . . . . hanggáng—from . . . . to

> *Kami ay lumákad buhat sa báryo.*
> We walked from the barrio.

> *Kami ay lumakad mula sa báryo hanggáng lunsód.*
> We walked from the barrio to the city.

C. TIME OF ACTION

na—already
> *Siya ay umalis na.*
> He left already.

pa—yet, more
> *Hindi pa ako kumákain.*
> I have not eaten yet.

> *Gusto ko pa ng matamís.*
> I like more the sweet (dessert). (lit.)

nang, noong—when
> *Nagálit siya nang ako ay umalis.*
> He became angry when I left.

sandalî—for a while
> *Halika sandalî.*
> Come here for a while.

pagkatapos—after (used with infinitives only)
Tayo ay matulog pagkatapos kumain.
Let us sleep after eating.

bágo—before (used with infinitives only)
Kumain siya bago umalís.
He ate before he left.

pirmí, paráti, lagì—always
Paráting nag-áaral si Peter.
Peter is always studying.

tuwî—every
Tuwíng Lunes, siya ay tinátamad.
Every Monday, she feels lazy.

saká na—later on
Saká na tayo mag-úsap.
Let us talk later on.

buhat noon ... hanggáng ...—from ... till ....
Buhat noong Lunes hanggang ngayón ay wala pa siya.
From Monday till now he has not been here.

kung mínsan—sometimes (used with the present)
Kung minsan, siya ay nagágalit.
Sometimes, she gets angry.

bihirà—seldom
Bihirang maglarô si Mary.
Mary seldom plays.

samantála—while (used with the present)
Samantalang nagsosalitâ siya, ako'y nakikinig.
While he is talking, I am listening.

hábang-panahón—forever
Siya ay nag-aaral hábang-panahón.
He is studying forever.

sa tanáng búhay ko—never in my life
Hindi pa ako naglalakbay sa tanang búhay ko.
Never in my life have I travelled.

sa ibáng araw na—some other day or time
Sa ibáng araw na kamí dádalaw sa iyo.
We shall visit you some other day.

and *sa* with hours, days, months and year.

D. WITH QUANTITY

marámi—many; much
Maraming kumain si Tom.
Malakas kumain si Tom. (colloquial)
Tom eats much.

kauntî, kontî—little

> *Kauntî lamang ang sinabi niya.*
> He just said a little.

> *Umuúlan nang kauntî.*
> It is raining a little.   (drizzling)

walâ—none; nothing

> *Waláng kinákain ang sanggól na maysakít.*
> The sick child eats nothing.

> *Walâ akóng gustó.*
> I like nothing.

D r i l l s

A. Write sentences using these words and others of their kind.

B. Write a composition describing a party, a picnic or a trip you had. Put a modifier to all the action words you use. Underline the modifiers.

C. Fill the blanks below with adverbs of manner and give the meanings.

1. *Ang batà ay kumakáin nang* ——————
    ——————
    ——————
    ——————
    ——————

2. *Ang matandáng laláki ay lumalákad nang* ——————
    ——————
    ——————
    ——————
    ——————

3. *Si Mary ay umáwit nang* ——————
    ——————
    ——————
    ——————
    ——————

CONJUNCTIONS

INTERJECTIONS

at (*'t*)—and

> *Nagsúsulat siyá, gabí at áraw.*
> *Nagsúsulat siya, gabí't araw.*
> He is writing night and day.

't is attached to the first word only if it ends in a vowel.

> *Siyá ay mabaít at magandá.*
> She is good and pretty.

> *Ang ama't iná ay umalís.*
> The father and the mother left.

o—or

> *Si Peter o si John ay mabúting katúlong.*
> Peter or John is a good helper.

> *Akó ba o siyá ang ibig mo?*
> Do you like me or her?

péro—but
nguni't
datapwa't (not to be used in ordinary conversation)
subali't (not to be used in ordinary conversation)

> *Ibig kong umalís pero umúulan.*
> I like to leave but it is raining.

> *Lumákad ka nguni't bumalik ka agad.*
> Go, but come back at once.

> *Siya ay pángit pero mabaít.*
> She is ugly but is good.

> *Ako'y matabâ nguni't siya'y payát.*
> I am fat but he is thin.

samantála—while (used with present tense)
hábang (synonym)

> *Tayo ay umáwit samantálang naghihintáy.*
> Let us sing, while waiting.

> *Samantálang naglalarô si Baby, ako'y matútulog.*
> While Baby plays, I shall sleep.

kung—if (syn.—*pag*)

> *Áalis ako kung sásama ka.*
> I will leave, if you are coming along.

> *Kung umulán, hindi ako lálakad.* (*Pag umulan...*)
> If it rains, I shall not go.

nang—in order that; so that; so

> *Huwag kang maingay nang ako'y makatúlog.*
> Do not be noisy so I can sleep.

> *Kumáin ka nang hindî ka magútom.*
> You may eat so that you'll not be hungry.

kundî—except, but

> *Waláng naparíto kundî si Mary.*
> Nobody came except Mary.

> *Sino ang tútulong sa akin kundî ikáw?*
> Who will help me but you?

dáhil sa—because of

> *Dáhil sa iyó, ako ay dádalo sa pagdiríwang.*
> Because of you, I shall attend the celebration.

> *Umiyák siya dáhil sa akin.*
> He cried because of me.

sapagka't
mangyari—the reason for (used to answer the
> question WHY?)

> *Bakit ka ba malungkot?*
> Why are you sad?

> *Mangyári ako'y may sakít.* Or *Sapagka't ako'y maysakit.*
> Because I am sick.

samakatwíd—therefore

> *Hindi ka mabait, samakatwíd, ayoko sa iyo.*
> You are not good, therefore, I do not like you.

> *Samakatwíd, áyaw kang mag-áral?*
> Therefore you do not like to study?

kung ano...siya rin...—as...so is...; like...like...

> *Kung anó ang amá, siya ring anák.*
> Like father, like son.

> *Kung anó ang punò, siya ring búnga.*
> As the tree is, so is the fruit.

at sa wakás—finally; at last

> *At sa wakás, pagpaláin kayó ng Diyós.*
> Finally, may God bless you.

Interjections

ay! (despair) *Ay! ang hírap ng búhay.*
What a hard life!

aba! (surprise) *Aba! Kailán ka dumatíng?*
When did you arrive?

aráy! (pain) *Aray! Masakít ang ulo ko.*
My head is aching!

nakú! (surprise) *Nakú! Ang gandá ng bahay mo!*
Your house is nice!

    (disbelief) *Naku! Totoó ba?*
    Is it true?

sáyang! (what a pity) *Nawala ang pera ko. Sayang!*
My money was lost.   What a pity!

mabúhay (long live) *Mabúhay! Mabúhay ang Pilipínas!*
Long live the Philippines!

(*Mabúhay* is the official greeting of Filipinos to foreigners in the Philippines.)

LESSON 37

MAGPA- AND FA-IN VERBS

MAGPÁ- verbs are active and the passive form is PA-IN or PA-AN.

They are used with roots to signify an act done on one or *to* another. This is different from the I-verbs which tell of actions done *for* another.

Conjugation Pattern

1. *magpakain*   to give food to another
   pakainin

	Indefinite	Definite
Infinitive	*magpakáin*	*pakaínin*
Imperative	*magpakáin*	*pakainin*
Past	*nagpakáin*	*pinakáin*
Present	*nagpápakáin*	*pinakákain*
Future	*magpápakáin*	*pakákainin*
Verbal noun	*pagpapakáin*	*pagpapakáin*

2. *magpabása*   to order to read
   pabasáhin

Infinitive	*magpabása*	*pabasáhin*
Imperative	*magpabása*	*pabasáhin*
Past	*nagpabása*	*pinabása*
Present	*nagpápabasa*	*pinabábasa*
Future	*magpápabasa*	*pabábasahin*
Verbal noun	*pagpápabása*	*pagpápabása*

Sentence Patterns

Nagpápabasa sa mga páaralán ng mga aklát ni Rizal.
They order the books of Rizal read in schools.

Pinabábasa sa mga páaralan ang mga aklát ni Rizal.
The books of Rizal are ordered read in schools.

Nagpakáin kami ng mahihirap na tao.
We gave food to poor people. (to feed)

Pinakáin namin ang mahihirap na tao.
Food to poor people was given by us.

Nagpagupít siya ng (kanyang) buhók.
He had a haircut.

Pinagupit niyá ang kanyáng buhók.
He had a haircut. (free)
His hair had been cut. (lit.)

104

D r i l l s

A. Transpose the following sentences into their passive forms:

1. *Ang aking katúlong ay nagpakáin ng batà.*
2. *Nagpápabasa ang aming gurò ng páhayagan áraw-áraw.*
3. *Nagpalínis ako ng silíd sa páaralán sa mga batà.*
4. *Nagpápagamót ng sakít ang matandáng babae sa doktór.*
5. *Nagpaalís ng mga batà sa kanyang hardín ang matandáng lalaki.*

B. Transpose the following sentences into their active forms:

1. *Pinakuha ko ang aklát sa batà sa aklatan.*
2. *Pasusulatin ng iná ang kanyang anák.*
3. *Pinaayos ko ang aking silíd sa aming katulong.*
4. *Pakukunin ko ng pera sa bangko ang aking asawa.*
5. *Pinakain ko ang batà.*

C. Translate into English all the above sentences.

D. Give ten other *magpa-* and *pa-in* verbs and use them in sentences.

LESSON 38

DISSENT, ASSENT, AND DOUBT

Expressing Dissent:

1. *Hindî* (*dî; di-*) —no

Hindî is used to answer a question negatively. It should not be used to answer a question with *may* or *mayroon*. The negative answer to questions like:

> *May aklat ba kayo?*
> *Mayroon ba siyang asawa?*

is *walâ* (none) not *hindî* (no).

The negative sense of a word is commonly expressed by the use of the negative adverb *hindî* used with the word itself. Sometimes, *hindî* is shortened to *dî* but is used as a separate word; but oftener, *dî* is made into a prefix and attached to the word with a hyphen. These three forms of the use of the negative *hindî* all give the word they go with, the opposite meaning. *Dî* may go with a substantive, verb, adverb, pronoun and preposition.

Notice the use of the three forms in the following sentences:

1. *Ang batà ay hindî ma-*   The child is not good.
   baít.
2. *Ang batà ay dî mabaít.*   (stressed glottal end-vowel)
3. *Ang batà ay di-mabaít.*   (acute stress only)

2. *Huwág* — do not; not to

Huwág is used with the nominative subject when the action-words are in *um-, mag-, ma-,* etc. affixes; and with the "possessive" doer when the action-words are in *-in, i-, -an,* etc. It is used with the infinitive form of the verb in commands and requests, and with the future tense too, not with the present.

With nominative subject:

Huwág *kang umalís.*
> Don't leave.

Huwág *kayong kákain nang madalás.*
> Don't eat often.

Huwág *kayong magbasá* sa dilím.
> Don't read in the dark.

Huwág *tayong matútulog.*
> Let us not sleep.

106

With possessive doers:

> Huwág *mong kánin* iyan.
> Don't eat that.

> Huwág *nating ibilí* siya ng kendi.
> Let us not buy candy for her.

> Huwág *mong basáhin* ang sulat ko.
> Don't read my letter.

3. *Ayaw* — to dislike, to refuse

Ayaw is a verb root. It may come from *umayáw* (active) or *ayawán* (passive), so that this verb root goes with both the nominative or "possessive" doers. It is only used with the infinitive of any action-word.

Ayaw from *umayáw* (nominative doer):

Ayókong (ayaw ako) kumain.
I don't like to eat.

Ayaw *siyang magsalitâ.*
He does not like to talk.

Ayaw *silang lumakad.*
They do not like to go.

Ayaw ba *kayong magpasyál?*
Don't you like to take a walk?

Áyaw from *ayawán* ("possessive" doer):

Ayaw *kong kumain.*
I don't like to eat.

Ayaw *niyang magsalitâ.*
He does not like to talk.

Ayaw *nilang lumakad.*
They do not like to go.

Ayaw ba *ninyong magpasiyál?*
Don't you like to take a walk?

Expressing Assent:

Most common of affirmative answers are:

1. *opò* (oo pô) equivalent to *yes sir* or *yes ma'm.*
    ohò — used with respected but familiar persons, like parents.
    oo — yes.

Aside from the usual *opò, ohò,* or *oo* there are other words used to express assent or agreement, as:

107

2. *siya ngâ* — that is right; that is true. (This is idiomatic, so that *siya* should not be mistaken for the 3rd person pronoun *siya*).

> *Siya ngâ, mabaít siyá.*
>> That's right, he is good.

> *Siya ngâ ba aalis kayó?*
>> Is it true, you are leaving?

3. *totoó* — true; truly

> *Totoó. Hindi na siya babalik.*
>> Truly. He is not coming back anymore.

> *Totoóng-totoó.*
>> It is very true.

4. *talagá* — yes, indeed; really

> *Talágang mabuting tao si G. Santos.*
>> Really, Mr. Santos is a good man.

> *Talagá, pupuntá kami sa Estados Unidos.*
>> Yes indeed, we are going to the United States.

Expressing Doubt:

Most common of expressions showing doubt and condition are:

maráhil — maybe

> *Maráhil siya ay daráting bukas.*
>> Maybe he is arriving tomorrow.

sigúro (Sp.) — maybe

> *Sigúro siya ay daráting bukas.*
>> Maybe he is arriving tomorrow.

tíla — it seems

> *Tila úulán ngayón.*
>> It seems as though it will rain today.

baká — might be

> *Baká ka magkasakít.*
>> You might be sick.

maaáring totoó — it could be true

> *Maaaring totoó na siya ay mag-áasawa na.*
>> It could be true that she is getting married.

108

LESSON 39

VERBAL NOUNS

(See Conjugation Patterns: Common Verb Forms)

Verbal nouns are nouns derived from verbs or action-words. In Tagalog, verbal nouns are formed according to the affix of the verb they are derived from.

1. From *um-* verbs, nouns are formed with *pag-* plus root.

   umalís — pag-alís
   lumákad — paglákad
   umíbig — pag-íbig

   Siya ay *umalís* patúngong Estados Unidos.
   He left for the United States.

   Ang kanyang *pag-alís* ay ikinalungkót ko.
   His *departure* made me sad.

2. From *mag-* verbs, *pag-* plus reduplicated first syllable.

   maglarô — paglalarô
   magsulát — pagsusulát
   magtaním — pagtataním

   Gusto kong *magtaním* ng hasmín sa aming bakúran.
   I like to plant jazmine in our yard.

   Ang *pagtataním* ng hasmin ay mahírap.
   Planting jazmine is difficult.

3. From *-in* verbs, *pag-* plus root.

   basáhin — pagbása
   tawágin — pagtáwag
   lutúin — paglutò

   Binása ko ang buhay ni Rizal.
   I read the life of Rizal.

   Ang *pagbása* ko ng buhay ni Rizal ay hindi nila gusto.
   They did not approve of my *reading* the life of Rizal.

4. From *paki-* verbs, repeated last syllable of *paki-* plus root.

   pakihirám — pakíkihirám
   pakialís — pakíkialís
   pakisúlat — pakíkisúlat

   Pinakisúlat ko ang aking "homework" sa kanya.
   I requested her to write my homework for me.

109

Ang *pakikisúlat* ko ng "homework" sa kanya ay di-
mabuti.
My *request* that she write my homework is not good.

5. From *ma-* verbs, *pag-* plus root (for actions) *pagka-*
plus root (for feelings)

> *matúlog — pagtulog*
> *maligò — pagligò*
> *magútom — pagkagútom*
> *magálit — pagkagálit*

Madalás ang kanyang pagligò.
His bathing is too often.

Natákot ako sa kanyang pagkagalit.
I was afraid of his being angry.

6. From *-an* verbs, *pag-* plus reduplicated first syllable.

> *alisán — pag-aalís*
> *tawánan — pagtatawá*
> *hugásan — paghuhúgas*

Hugásan mo ang mga pinggán.
Wash the dishes.

Ang *paghuhúgas* ng pinggan ay mahirap na trabaho.
Washing dishes is a tough job.

D r i l l s

A. Give the verbal nouns of the following verbs:

1. *mag-isíp* — to think

2. *umiyák* — to cry

3. *buksán* — to be opened

4. *maglakbáy* — to travel

5. *umíbig* — to love

6. *tugtugín* — to play an ínstrument

7. *umáwit* — to sing

8. *magsalitâ* — to speak

9. *mag-alís* — to remove

10. *sakyán* — to be ridden

B. Use the verbal nouns formed above in sentences.

C. Translate into Tagalog:

1. His frequent eating will make him fat.
2. I will be sad on the departure of my friend.
3. Travelling is a good education.
4. She is thin because of playing much.
5. Bathing every day is necessary.
6. He likes writing very much.
7. Selling a house in Manila is difficult.
8. I like his reading of Rizal's "My Last Farewell."
9. Planting during the rainy season is good.
10. His coming is sudden.

LESSON 40

NAKÁ- PARTICIPLES

NAKÁ- is a special kind of affix which when attached to a root word or base expresses the state, condition, or appearance of a person or thing. It has no tense forms, being both descriptive and active in sense. Words with NAKA- are closely similar to the English *participle* — a verb used as an adjective to describe a noun.

This prefix should not be misused for the past tense form of MAKA- verbs which are purely action words.

In common use are the following:

nakaupô	Ang *batà ay nakaupô sa mataás na sílya.*
	The child is seated on a high chair.
nakatayô	*Nakatayô sa tabí ng pintô ang aking iná.*
	My mother is standing by the door.
nakahigâ	*Ang laláking nakahigâ ay tamád.*
	The man lying down is lazy.
nakasalamín	*Bulág ang táong nakasalamíng iyón.*
	That man with eyeglasses is blind.
nakasapátos	*Kailángang nakasapátos ang batà sa paglalarô.*
	Children need to be with shoes on when playing.
nakakótse	*Sila ay nakakótse nang dumatíng.*
	They were in a car when they arrived.

Notice the difference in use of *NAKA-* in the above sentences and *NAKA-* (past tense of *MAKA-*) in the following:

Nakapások kami sa síne kagabí.
We were able to go to show last night.

Nakalákad na ang matandáng maysakít.
The sick old man was able to walk already.

Nakabása na siya ng mga aklát ni Romulo.
He has read already the books of Romulo.

Nakatúlog din ako kahi't na maingay.
I was able to sleep even if it was noisy.

Drills

Use these *NAKA-* participles in sentences:

1. *nakasumbréro*
2. *nakaunipórme*
3. *nakaputî*
4. *naka-Cadillac*
5. *nakakabáyo*

6. *nakasigarílyo*
7. *nakaitím*
8. *nakabús*
9. *nakasingsíng*
10. *nakapáyong*

LESSON 41

NOUN AFFIXES

-an or *-han*

1. Place where the thing mentioned in root word is found.

   Ex. *aklátan* — library
   kahuyán — woodpile
   bahayán — group of houses
   babúyan — breeding place of pigs

2. Time of occurrence

   Ex. *anihán* — harvest time
   pasukán — school day
   tániman — planting season

3. Article or instrument used

   Ex. *inúman* — where we drink from
   sulatán — where we write on
   lutuán — cooking utensils; place for cooking
   sasakyán — where we ride in

With reduplicated root:

1. Diminutive

   Ex. *baháy-baháyan* — playhouse
   barú-barúan — doll-clothes
   taú-taúhan — diminutive person; pygmy
   anák-anákan — adopted child

2. Pretensions

   Ex. *iná-ináhan* — pretending to be like a mother
   harí-harían — acting like a king
   parí-parían — not a real priest

Ka-an or *-han*

1. Gives an idea of purism, simplicity, abstract

   Ex. *kabutíhan* — goodness
   kasamaán — badness
   kabuháyan — livelihood
   kaligayáhan — happiness

2. Collective

　　Ex. *kabahayán* — place of many houses
　　　　kabukirán — farmlands
　　　　katagalúgan — place of the Tagalogs
　　　　kabatáan — youth
　　　　katandaán — elders

mag-

1. With root

　a. Dual, in relationship

　　Ex. *mag-iná* — mother and child
　　　　mag-amá — father and child
　　　　mag-asáwa — husband and wife
　　　　magkapatid — brothers or sisters
　　　　magkasáma — companions

2. With reduplicated first syllable — work, profession

　　Ex. *magbibigás* — rice merchant
　　　　maglalarò — player
　　　　magnanákaw — robber
　　　　magsasaká — farmer

mang-

With reduplicated first syllable — work, custom, profession.

　　Ex. *manggagámot* — doctor
　　　　mandaragát — sea-faring
　　　　manlalángoy — swimmer
　　　　manlilipád — flier, aviator

pag-

With verbs, it forms verbal nouns:

1. With *um* verbs:　　*umalis = pag-alis*
　 pag + root　　　　*lumakad = paglákad*
　　　　　　　　　　　umibig = pag-ibig

2. With *mag* verbs:　*maglarô = paglalarô*
　 pag + reduplicated *magsulát = pagsusulát*
　　　 1st syllable　　*magtaním = pagtataním*

3. With *-in* or *-hin*:　*basáhin = pagbása*
　　　　　　　　　　　tawágin = pagtáwag

sang-, sam-, san-

1. The whole of

　　　　sangkapuluán — the archipelago
　　　　sangkalangitan — heaven (*langit*)

2. One

> Ex. *sandalî* — one moment
> *sang-áraw* — one day
> *sanggabí* — one night
> *sambuwán* — one month
> *santaón* — one year

tag-

Season or time of

> Ex. *tag-aráw* — dry season
> *tag-ulán* — wet season
> *taglamíg* — cold season
> *taggutóm* — famine
> *tag-ani* — harvest time

taga-

1. from, native of; living in

> *Si Laurel ay tagá-Batangas.*
> *Ang mga taga-baryo ay marúnong magtaním.*
> *Ang mga Muslim ay taga-Mindanaw.*

2. one who does the work expressed in root word: frequent doer of action.

> *Ang kartéro* (postman) *ay tagadalá ng sulat.*
> *Ako ay tagaturò ng Tagalog.*
> *Si Julia ay tagabilí ng pagkain sa palengke.*
> *Ang aking maybahay ang tagalutò namin.*

tala-an or *-han*

List of things mentioned in root word

> *talátinígan* — dictionary (list of sounds or words)
> *taláaklatan* — catalogue of books
> *taláarawán* — calendar (list of days)
> *taláupahán* — payroll (list of payments)

Plural Forms

Plurality can be expressed by:

1. using plural forms of articles: *sina* with proper nouns and *ang mga* with common nouns.

2. using numerals, *ilán* and *marámi*

> *Sampúng* tao ang umalis.
> *Ilang* tao ang umalis.
> *Maraming* tao ang umalis.

3. using plural adjectives (*ma* + repeated 1st syllable)

   Magagandáng dalaga ang aming panaúhin. (visitors)
   Mababaít na bata ang inyóng mga anák.
   Bahay na *malalakí* ang nakita namin.

4. repeating the root word

   Ano ba ang *búhay-búhay* nátin?
   (everyday life)

   Pumaroón kami sa *baháy-baháy* sa Lingayen.
   (from house to house)

   Bumilí kamí ng mga *bágay-bágay* para sa kusína.
   (several things)

LESSON 42

ADJECTIVAL AFFIXES

(affixes used to form adjectives)

ma-   1. having the thing or quality the root word expresses. Used with abstract nouns.

> Ex. *magandá* — beautiful (*may gandá*)
> *mabaít* — good (*may baít*)
> *marúnong* — learned (*may dunong*)
> *matamís* — sweet (*may tamís*)

2. many or much of the thing expressed in root word. Used with concrete nouns.

> Ex. *mabulaklák* — many flowered
> *matáo* — many peopled
> *mabigás* — plenty of rice
> *mabúnga* — plenty of fruits or fruitful

ka- reciprocal relationship

> Ex. *kapatíd* — brother or sister
> *kasayáw* — partner in dancing
> *kabalát* — of the same skin
> *kagalít* — enemy

kay- (exclamatory)

> Ex. *kaygandá* — how beautiful!
> *kay-ága* — how early!
> *kaybúti* — how good!

maka- in favor of; inclined to believe in

> Ex. *maka-Rizál* — for Rizal; follower of
> *makabágo* — modern
> *makalumà* — old fashioned

pang- (*pam-* or *pan-*) used for

> *Pang* is used with words beginning with *a e i o u* and *k g h m n ng w y*. With vowel-initial words, *pang* is separated by a hyphen.

> *Pam-* is used with words beginning with *b* and *p*
> *Pan-* is used with words beginning with *d l r s t*.

The change in the form of the prefix is for ease in pronunciation.

We say:

pang-umága	*pangkúha*
pambáyad	*pansála*
pangkáyod	*pangwalís*
panghila	*pantúlog*
panlákad	*pampások*

In sentences:

Ang sapátos na pambáhay ay sirâ ná.
The shoes for the house are worn out.

Ang plúmang pansúlat ay nawalâ.
The pen for writing was lost.

Ang kláse ko ay pang-umága.
My class is for the morning (morning class).

Ang bárong pang-ospitál ay putî.
The hospital dress is white.

Ang pérang ito ay pambáyad sa útang.
This money is for payment of debts.

Mapág- and *Palá-*

Mapag- and *palá-* are prefixes which when attached to a root, describe the habitual, customary and frequent doer of the action the root word expresses.

One can be used for the other except when attached to adjectives. With these prefixes the resulting words are accented on the last syllables.

palatawá
mapagtawá
Ayaw ang binatà sa dalagang palatawá.
(*mapagtawa*)
The young man does not like a girl who laughs frequently.

palaarál
mapag-arál
Ang batang palaarál (*mapag-arál*) *ay magíging marúnong.*
A child who studies habitually becomes learned.

palainóm
mapag-inóm
Ang matatabâ ay palainóm (*mapag-inóm*) *ng tubig.*
Fat people are fond of drinking water.

palaisíp
mapag-isíp
Madaling tumandâ ang mga taong palaisíp.
(*mapag-isip*)
Deep-thinkers get old faster.

palalakád
mapaglakád
Palalakád (*mapaglakád*) *sa gabi ang mga binatà ngayón.*
Young men today go out habitually at night.

Pala- should not be used as prefix to describing words. It only goes with action root words: *mapag-* can go with both action and describing words.

Drills

Write five adjectives to describe the following subjects. Use a variety of affixes with your describing words:

Maynilà	*gurò*
1.	1.
2.	2.
3.	3.
4.	4.
5.	5.

babáe	*isdâ*
1.	1.
2.	2.
3.	3.
4.	4.
5.	5.

B. Use *pang-*, *pam-* or *pan-* with the following roots to form adjectives. A hyphen is used with vowel -initial root.

1. *bansá*	4. *langóy*	7. *gámit*	10. *batà*
2. *aral*	5. *kain*	8. *bása*	
3. *barò*	6. *lahát*	9. *ilaw*	

PLURAL ACTION-WORDS

The Official Tagalog Grammar says: "The use of plural forms of verbs with plural subjects is not compulsory. It does not make the sentence or the sense wrong when a plural subject is used with a singular verb."

Although it may be easy for a Tagalog to say the tongue-twisters *mangagsikáin, mangagkaín, magsipagkaín, mangágsipagkáinan, mangagkáinan,* etc., to a non-Tagalog, these words offer a great difficulty.

So we shall study in this lesson just two plural forms of verbs in the active voice and two others in the passive.

Magsi- (plural form for *UM-*)

magsikáin	to eat
magsilákad	to go
magsisúlat	to write
magsibása	to read
magsialís	to leave

Conjugation Pattern

Infinitive	magsikáin	magsialís
Imperative	magsikáin	magsialís
Past	nagsikáin	nagsialís
Present	nagsísikáin	nagsísialís
Future	magsísikáin	magsísialís

Magsipag- (plural form for *MAG-*)

magsipaglakád	to walk
magsipagdasál	to pray
magsipagbaít	to be good
magsipagpasyal	to take a walk
magsipag-áral	to study

Conjugation Pattern

Infinitive	magsipaglakád	magsipagdasál
Imperative	magsipaglakád	magsipagdasál
Past	nagsipaglakád	nagsipagdasál
Present	nagsísipaglakad	nagsísipagdasál
Future	magsísipaglakád	magsísipagdasál

In Sentences

1. *Nagsísikain na ang mga batà ng hapúnan.*
   The children are eating their supper already.

2. *Magsilákad na kayo sa páaralán.*
   You all go now to school.

3. *Nagsísipag-áral na mabuti ang aking mga anák.*
   My children study well.

4. *Nagsísibasa ba kayo ng Bibliya?*
   Do you read the Bible?

5. *Nagsísipagdasal ang mga babae sa simbáhan.*
   The women pray in church.

PAG-IN (plural form for *IN*)

paglutuín	things to be cooked
pagsulatín	things to be written
pag-alisín	things to be removed
pagbasahín	things to be read
paglinisín	things to be cleaned

Conjugation Pattern

Infinitive	*paglutuín*	*pagsulatín*
Imperative	*paglutuín*	*pagsulatín*
Past	*pinaglutô*	*pinagsulát*
Present	*pinaglulutô*	*pinagsusulát*
Future	*paglúlutuín*	*pagsúsulatín*

NOTE: Colloquialism allows the repetition of the first syllable in all forms, of PAG-IN or PAG-AN, as in:

paglúlutuín
paglúlutuín
pinaglúlutô
pinaglúlulutô
paglúlulutuín

PAG-AN (*plural form for AN*)

paghuhugasán	—things to be washed
pagbubuksán	—things to be opened
pag-aayusán	—things to be arranged
pagpipintahán	—things to be painted
pagbibihisán	—to have the clothes changed

122

Conjugation Pattern

Infinitive	*paghuhugasán*	*pagbubuksán*
Imperative	*paghuhugasán*	*pagbubuksán*
Past	*pinaghúhugasán*	*pinagbúbuksán*
Present	*pinaghúhuhugasán*	*pinagbúbubuksán*
Future	*paghúhuhugasán*	*pagbúbubuksán*

Sentence Patterns

1. *Paghuhugasán na ninyó ang mga pinggán.*
   You have all the plates washed.

2. *Pinagbubuksán niya ang lahat ng mga bintanà.*
   She had all the windows opened.

3. *Pag-áaayusán namin ng buhók ang mga batà.*
   The children's hair will be fixed by us.

4. *Pinagpipintahán ng laláki ang mga pasô.*
   The pots were painted by the man.

5. *Pinagbíbibihisán ng katúlong ang aking mga anák.*
   The maid is dressing my children.

LESSON 44

CONTRACTIONS

When we talk fast to a familiar person or group we contract expressions of two or three words into one. This is allowable in as much as words and expressions are purposely created or changed by usage for ease in pronunciation.

Listen carefully to and understand these contractions:

téka — hintáy ka

> *Téka sandalî, kakain muna ako.*
> Wait a moment, I will just eat.

dalíka — madali ka

> *Dalíka, máhuhulí tayo.*
> Be quick, we will be late.

ikámo — wikà mo

> *Ikámo pápasok tayo sa sine.*
> You said, we are going to a show.

ikáko — wikà ko

> *Ang íkako ay búkas na tayo aalís.*
> What I said is we are going tomorrow.

téna — táyo na

> *Tena, hulí na tayo.*
> Let's go, we are late.

hámo — hayaán mo

> *Hámo siya, ayaw siyang makiníg.*
> Let him, he does not like to listen.

tamó — nákita mo

> *Tamó, bágay sa iyo iyan!*
> You see, that becomes you!

tangkó — tignán ko

> *Tangkó nga, ngayón ko lang nákita iyan.*
> Let me see, I have not seen that yet.

kaná — ákin na

> *Kaná ang aklát ko.*
> Give me my book.

éka — pahingî ka

Éka namán ng maís.
Give me a piece of corn.

ayóko — áyaw ko

Ayóko ngâ ng biruán.
I do not like jokes.

LESSON 45

COLORS

Terms for colors in Tagalog are quite incomplete. Our language has no equivalents for the colors brown and golden brown. What is usually used for golden brown is *pulá* (red), as in the following everyday expression used in the kitchen.

Piritúsin mo ang isdâ hanggáng pumulá.
which is our equivalent to:

Fry the fish until golden brown.

For the color of our race and complexion, we use the beautiful word *kayumanggí* (brown) but this word is not applied to anything that is brown. For brown-colored objects we use the descriptive words *kulay kapé* (coffee-colored) or *kulay-tsokoláte* (chocolate-colored) which are both inadequate to describe the real brown color.

The principal colors in Tagalog are:

> *putî* — white
> *itím* — black
> *pulá* — red
> *bérde* (or *luntían*) — green
> *asúl* (or *bugháw*) — blue
> *diláw* — yellow

Dark colors are:

> *bérdeng-bérde* — dark green
> *puláng-pulá* — bright red
> *asúl na asúl* — navy blue
> *diláw na diláw* — bright yellow
> *itím na itím* — very black

Light colors:

> *bérdeng murà* — light green
> *asúl na murà* — pale blue
> *diláw na murà* — pale yellow
> *rósas* — pink

Shades of:

> white — *maputî-putî* or *putián*
> red — *mapulá-pulá* or *pulahán*
> green — *mabérde-bérde* or *luntían*
> blue — *mangasúl-ngasúl* or *asúlán*
> yellow — *maniláw-niláw* or *dilawán*

126

Other colors:

kúlay-abó	ash-colored
bérdeng lúmot	moss green
bérde-mansána	apple green
kúlay dalandán	orange-colored

In sentences:

Marami akong barong *kúlay-abó.*

Ang mga *berdeng* (or *luntiang*) dáhon ay malamíg sa matá.

Pulang-pulá ang kanyang sapatos.

Ang kanyang mga mata ay *mangasúl-ngasúl.*

Ang *dilaw na murà* ay bagay sa maputíng balát.

LESSON 46

FOOD

People from other lands residing in the Philippines love our fresh vegetables in the markets. Many, however, do not know their native names, and so they have a difficult time with and are often misunderstood by our vendors.

We have a long list of names of vegetables but some do not have their equivalents in English, being very native or Chinese in origin.

Vegetables:

lettuce — *litsúgas*
Chinese lettuce — *pétsay*
carrot — *sanórya*
beets — *remolátsa*
eggplant — *talóng*
cabbage — *repolyo*
radish — *labanós*
Chinese celery — *kintsáy*
amargoso — *ampalayá*
yellow squash — *kalabása*
chayote — *sayóte*
spinach — *kulítis*
cucumber — *pipíno*
tomatoes — *kamátis*

bamboo shoots — *labóng*
bean sprouts — *tóge*
potatoes — *patátas*
sweet potatoes — *kamóte*
chestnuts — *kastányas*
banana heart — *pusò ng ságing*
mushroom — *kabuté*
green pepper — *sile*
bottle gourd — *úpo*
swamp cabbage — *kangkóng*
long beans — *sítaw*
winged beans — *sigadílyas*
yam — *úbi*

Fruits:

mango — *manggá*
banana — *ságing*
  kinds: —
        lakatán
        latundán
        bungúlan
pineapple — *pinyá*
star apple — *kaymíto*
sour sop — *guayabáno*
guava — *bayábas*
Java plum — *dúhat*

orange — *dalandán*
pomelo — *suhà*
custard apple — *átis*
star fruit — *balimbíng*
Java apple — *makópa*
papaya — *papáya*
santol — *santól*
chico — *tsíko*
  — *duryán*
  — *mabúlo*
  — *sinigwélas*
  — *lansónes*

Fishes:

blue surgeon fish — *labahíta*
cat fish (salt water) — *kandulì*
    fresh water — *hitò*
cavalla — *talakítok*

denticulated caesio — *dalagang búkid*
herring — *tambán*

milk fish — *bangús*
mullet — *talílong*
pompano — *pompanó*
red snapper — *máya-máya*
rock-bass — *lápu-lápu*
sole — *dapâ*

Spanish mackerel — *tanggingî*
striped mackerel — *alumáhan*
two-finned sea bass — *apáhap*
whitebait — *dílis*
mudfish — *dalág*

Spices:

pepper — *pamintá*
pepper corn — *pamintang buô*
paprika — *pamintón*
bay leaf — *lourél*
dry mustard — *pulbós ng mustása*
ginger — *lúya*

anisa — *anís*
garlic — *báwang*
onions — *sibúyas*
green or red pepper — *síle*
cinnamon — *kanela*
saltpeter — *salítre*
marjoram — *orígano*

LESSON 47

TERMS FOR COOKING

Modern Filipino cooking requires the use of terms which are direct or indirect translations from English. Our daily food is becoming westernized by the changing processes of cooking and the ingredients used like cream, mayonnaise, canned foods, etc. For Filipinos who go for American cooking, and for Americans and other foreigners who like Filipino food, the following terms may be of help.

boil — *pakuluín*

> *Pakuluín mo ang tubig sa kaldéro.*
> Boil the water in the kettle.

steam — *pasingawán*

> *Pinasingawán niya ang sísiw.*
> She cooked the chicken (frier) in steam.

saute — *igisá*

> *Igisá mo ang karné sa báwang, sibúyas at kamátes.*
> Saute the meat in garlic, onion and tomatoes.

fry — *piritúsin*

> *Pinirítos ng aming katulong ang manók.* (past)
> Our helper fried the chicken.

broil — *iníhaw*

> *Iníhaw ko ang dáing* (dried fish) *sa bága.*
> I broiled the dried fish on live coals.

bake — *ihurnó; lutúin sa hurnó.*

> *Naglulutò ako ng mamón sa hurnó.*
> I am baking a cake.

blanch — *banlián*

> *Binanlián ko ang mga pilì para maalís ang bálok.*
> I blanched the pili nuts to remove the skin.

baste — *pahíran ng mantikà o ng sársa.*

> *Pahíran mo ng mantikà ang balát ng baboy para hindi matuyô.*

> Baste the skin of the pig (*lechon*) to prevent drying.

130

cut — *hiwáin* (with knife)
     gupitín (with scissors)

    Hiwáin ninyo ang tinápay sa gitnâ.
    Cut the bread into halves.

    Ginupít niya ang talì ng súpot.
    She cut the tie of the bag.

chop — *tadtarín*

    Tadtarín mo ang baboy para sa tórta.
    Chop the pork for the omelet.

pit — *alisán ng butó*

    Alisán ninyo ng butó ang mga santól bago matamisín.
    Pit the santol before preserving them.

beat — *batihín*

    Batihín mo ang dalawáng itlog para sa ómelet.
    Beat two eggs for the omelet.

marinate — *ibábad sa suka at langís.*

    Ibabábad ko ang hiniwang gulay sa suka at langís.
    I shall marinate the minced vegetables.

LESSON 48

IDIOMATIC EXPRESSIONS

The Tagalogs have a long list of idiomatic expressions which are all used in ordinary conversations. The best way to get acquainted with them is by reading materials and books in Tagalog, listening to conversations and radio talks, and listing down words or groups of words which do not appear familiar from the knowledge of the meaning of the words themselves.

Some idiomatic expressions in Tagalog are listed below:

1. *basâ ang papél*

   (idiom.) unfavored
   (lit.) the paper is wet

   Basâ na ang papél niya sa akin ngayón.
   He is no longer in my favor.

2. *bukás ang palád*

   (idiom.) generous with money
   (lit.) with open palm (of hand)

   Ang aking ama ay bukás ang palád sa mahihirap.
   My father is generous to the poor.

3. *kánang kamáy*

   (idiom.) efficient helper
   (lit.) right hand

   Siya ang kánang kamáy ko sa tanggapan.
   She is my efficient helper in the office.

4. *kumukulô ang dugô*

   (idiom.) very angry
   (lit.) the blood is boiling

   Kumukulô ang dugô ko sa taong iyan.
   I am very angry with that person.

5. *di-mahulúgang karáyom*

   (idiom.) too crowded
   (lit.) no needle can be dropped in between

   Di-mahulúgang karáyom sa dami ng tao ang Luneta.
   The Luneta was too crowded.

132

6. *magbátak ng butó*

   (idiom.) to work hard
   (lit.) stretch the bone

   Kailángang magbátak ng butó upang kumain.
   One has to work hard in order to eat.

7. *mabigát ang bibíg*

   (idiom.) taciturn; ungracious
   (lit.) heavy-mouthed

   Waláng maraming kaibigan ang taong mabigát ang bibíg.
   Ungracious people do not have many friends.

8. *magaáng ang kamáy*

   (idiom.) hands that can make plant grow fast; green thumb
   (lit.) light handed

   Magaáng ang kamáy niya sa pagtatanim.
   He is good at planting.

9. *magsúnog ng kílay*

   (idiom.) to study hard
   (lit.) to burn the eyebrows

   Magsúnog ka ng kílay para sa iyong kinábukasan.
   Study hard for your future.

10. *mahabà ang buntót*

    (idiom.) spoiled; sensitive
    (lit.) long tailed

    Ang batang lakí sa lóla ay mahabà ang buntót.
    A child reared by a grandma is spoiled.

11. *malikót ang kamáy*

    (idiom.) pickpocket; a lifter
    (lit.) restless hands

    Ang taong malikót ang kamáy ay náhuli.
    The pickpocket was caught.

12. *makítid ang noó*

    (idiom.) dumb; unintelligent
    (lit.) narrow forehead

    Makítid ang noó ng batang iyán.
    That child is unintelligent.

13. *mababà ang luhà*

    (idiom.) cries easily
    (lit.) low tears

    Ang aking ina ay mababà and luhà.
    My mother cries easily.

14. *mahabà ang dilà*

    (idiom.) gossiper
    (lit.) long tongue

    Maraming babae ang mahabà and dilà.
    Many women are gossipers.

15. *mahábang-dúlang*

    (idiom.) wedding
    (lit.) long table

    Kailan ka ba magmámahabang-dúlang?
    When are you getting married?

16. *pagputî ng uwák*

    (idiom.) never; infinitely
    (lit.) when the raven turns white

    Málilimutan ko lamang siya sa pagputî ng uwák.
    I can never forget her.

17. *matigás ang mukhâ*

    (idiom.) stern-faced
    (lit.) hard face

    Ayoko sa babaing matigás ang mukhâ.
    I do not like a stern-faced woman.

18. *mukháng-Biyernes Santo*

    (idiom.) very sad face
    (lit.) Holy Friday-face

    Siya ay mukháng-Biyernes Santo.
    She looks very sad.

19. *magparatíng; magpabagsák*

    (idiom.) to bribe
    (lit.) to bring to

    Nagparatíng siya kayâ madalíng natápos.
    He was through early because he bribed someone.

20. *sirâ ang úlo*

    (idiom.) crazy
    (lit.) broken head

Sirâ ang úlo ng lalaking ito.
This man is crazy.

21. *anak-páwis*

    (idiom.) poor people
    (lit.) child of perspiration

Ang mga anak-páwis ay mahál ng Diyos.
Poor people are loved by God.

LESSON 49

LETTERS IN BASIC TAGALOG

1. Friendly Letters

(1)

56 Herran, Paco
Manila
Disyembre 20, 1948

Mahál kong Lourdes,

Dumating sa akin ang iyong súlat at salámat sa mga balità mo. Hindi ito nasagót kaagád mangyári'y nagkaroón ako ng kauntíng sakit. Ngayon namán ay mabuti na ako at pumapások na.

Kami ay may prográma bukas bago magtapós ang klase at ako ay áawit. Sána ay náririto ka para mákita mo ako.

Kumustá ang iyong nanay at tatay? Matagál ko nang hindi sila nákikita. Sa tapós ng klase ako ay púpunta sa inyo at magkúkuwentúhan tayo. Marami akong ibábalità sa inyo tungkól sa búhay ko dito sa Maynila.

Kayâ hanggáng dito na lamang at mulî akong súsulat sa iyo.

Ang kaibigan mo,

Maring

(2)

110 Taft Avenue
Manila
Ika-15 ng Oktubre, 1948

Kaibígang Pedring,

Sa Linggo, ika 21 ng buwáng ito ay aking pistá at kami ay may kauntíng káinan sa aming bahay mula sa ika-7 ng gabi.

Pumaríto ka sána. Lahat ng mga kaibigan natin ay páparito, patí sina Tony. Magsáma ka pa ng ilang kaibigan kung ibig mo.

May sáyawan at iba't ibang áliwan tayo para sa gabíng iyon.

Hanggáng sa Linggo.

Sumásaiyo,

Lena

(3)

211 San Lazaro, Maynila
Abril 5, 1931

Mahal kong Nelia,

Nábalitáan kong ang iyong ina ay namatáy no)ng isang linggó. Pirmí kitáng náaalala. Paano kayong magkakapatíd ngayón? Sino ang kasama ninyo sa bahay?

Kung ako'y may máitútulong ay sumulat ka sa akin kaagád.

Huwag mong isípin ang iyong pag-aáral. Tútulungan kita pagbalík mo sa klase. Dináramdan kong mabuti ang bagay na ito.

Sumulat ka sa akin sa lálong madalíng panahón.

Ang iyóng gurò,

Maria S. Garcia

II. Examples of Business Letters
(Translated into Basic)

1. LETTER OF SUBSCRIPTION TO A MONTHLY MAGAZINE

(Liham na sumúsuskribi sa isang buwánang babasahín)

San Nicolas, Hagunoy
Bulakan
Agosto 20, 1946

Manila Educational Enterprises, Inc.
533 P. Paterno
Kiyapo, Maynila

Mga Ginoó:

Kasáma po nito ay ang halagáng ₱5.00 híropostál na bayad sa isang taóng pagpapadalá ng INANG WIKA.

Mangyari po lamang na ipadalá na ninyo sa akin simulâ sa dárating na buwán.

Gumágalang,

Jose T. Cruz

2. A LETTER SUBSCRIBING TO A NEWSPAPER
(Liham na sumúsuskribi sa isang pahayagan)

Sta. Rosa, Laguna
Abril 30, 1956

Pángasiwaán ng TALIBA
918 Lepanto, Sampalok
Maynila

Mahál na Ginoó:

Kalákip po nitó ang halagang tatlumpúng piso (₱30.00) híropostál na bayad sa isang taóng suskrisyón ng páhayagang Tagalog na TALIBA.

Mangyári po lamang na ipadalá na ninyó sa akin simulá sa dárating na buwán.

Gumágalang,

Maria de la Cruz

3. LETTER OF INQUIRY
(Liham na Nagtátanóng)

Philippine Education Company
1104 Castillejos, Kiyapo
Maynila

Mga Ginoo:

Maáarì po bang padalhán ninyo kami ng isang talaán ng mga aklát na bágong dating? Salamat po nang marami kung ipadádalá rin ninyó ang talaán ng mga aklát at babasahin sa WIKANG PAMBANSÁ, gayon din ang kaní-kaniláng mga halagá.

Magálang na sumásainyó,

Dalia Enriquez

LESSON 50

REVIEW QUESTIONS

— I —

A. Make good sentences with these words:

Words that name	Words that describe	Action words (in any tense)
táo	*magandá*	*umalís*
báhay	*lálong malakí*	*lumákad*
katúlong	*mayáman*	*bumása*
ikáw	*maíngay*	*kumáin*
iyán	*palatawá*	*maglarô*
Maynilà	*pinakámabaít*	*pumuntá*
pagkáin	*mabúti*	*maglínis*
kayó	*nápakaínit*	*basáhin*
Bibliya	*malínis na malínis*	*daláwin*
bulaklák	*masaráp*	*kánin*

B. Write a paragraph of about 100 words describing **anybody** or **anything**.

C. Transpose the following sentences by changing the **verbs** into passive or definite:

1. *Ang batà ay kumákain ng tinápay.*

2. *Ako ay bumilí ng sapátos sa Escólta.*

3. *Ang katúlong námin ay naglutò ng gúlay.*

4. *Tumáwag ng doktór ang maysakít.*

5. *Kumúha ng lápis ang batà sa báhay.*

D. Translate into Tagalog:

The Lord Jesus and His friends were in a small boat (*bangkâ*) on the sea. A storm (*bagyó*) came up quickly. The waves were big. The wind was strong. The water was filling the boat. The men called to the Lord Jesus. They said, "Do you not care if we drown?" The Lord Jesus stood up in the boat. He spoke to the wind and the sea, saying "Peace, be still!" It was calm (*tahímik*) at once.

— II —

A. Write five words to describe each of the following:

pagkáin	bulaklák	simbáhan	batà
1.	1.	1.	1.
2.	2.	2.	2.
3.	3.	3.	3.
4.	4.	4.	4.
5.	5.	5.	5.

B. Translate into Tagalog:

1. my mother ....
2. our church (incl.) ....
3. his love ....
4. their study ....
5. your hope (sing.) ....
6. her cooking ....
7. our planting (excl.) ....
8. his poverty ....
9. my happiness ....
10. your work (pl.) ....
11. John's plan ....
12. baby's laugh ....
13. man's anger ....
14. Mary's name ....
15. March wind ....
16. father's letter ....
17. cat's eyes ....
18. priest's sermon ....
19. child's food ....
20. animal's feet ....

C. Answer fully the following questions:

1. *Kaníno bang aklát ito?*
2. *Ilan buwán na kayo sa Pilipinas?*
3. *Anu-anó ang inyong ginágawa ngayón?*
4. *Bakit kayo nag-áaral ng Tagalog?*
5. *Anong mga wikà ang inyóng alám?*

D. Fill in:

	Synonym	Antonym
magandá	....	....
masipag	....	....
madilím	....	....
banál	....	....
malínis	....	....

E. Put a check (√) on what should be done:

1. *Ako ay naíinitang mabúti.*

    ☐ a. *Ako ay maglúlutò.*
    ☐ b. *Ako ay malíligò.*
    ☐ k. *Ako ay mag-áaral.*

2. *Ang anák nilá ay payát na payát.*

    ☐ a. *Siya ay dapat uminóm ng gamót sa ubó.*
    ☐ b. *Siya ay dapat malungkót.*
    ☐ k. *Siya ay dapat kumain nang marámi.*

3. *Kung ang klase ay maíngay.*

    ☐ a. *Paalisín ang mga batà.*
    ☐ b. *Pagalítan ang mga batà.*
    ☐ k. *Bigyán ng maráming gáwain.*

4. *Ang gurò ay marunong at mabait.*

    ☐ a. *Siya'y kinayáyamután.*
    ☐ b. *Siya'y kinatútuwaán.*
    ☐ k. *Siya'y dapat tulúngan.*

5. *Ako ay nasa Pilipinas.*

    ☐ a. *Dapat akong magsalitâ ng Ingles.*
    ☐ b. *Dapat akong matúlog sa hapon.*
    ☐ k. *Dapat akong mag-áral ng Tagalog.*

— III —

A. Fill the blanks with the correct pronouns:

1. *Ang kapatíd ko ay marúnong. . . . . ay nag-áaral na mabúti.*

2. *Ang mga batà ay kumákain. . . . . ay nagúgutom.*

3. *Maráming pera si Ramon. Iyón ay ibinigáy ng . . . . amá.*

4. *Halíka, Helen. Sumama . . . . sa amin.*

5. *Kúnin . . . . ang aklát sa mésa.*

6. *. . . . . lahát ay ináanyayáhan niya.*

7. *Mayróon ba kayong pagkáin para sa . . . . ?*

8. *Hindi isináma si Peter sa síne. Umíiyak . . . .*

9. *Isáng aráw,* . . . . *ay nagpasyál sa Luneta.*

10. *Nákita* . . . . *ang maráming bapór sa dágat.*

11. *Kúnin* . . . . *ang inyóng aklát.*

12. *Isáma ninyó ako kung púpunta* . . . . *sa Baguio.*

13. *Ang báhay* . . . . *ay nasa Pandácan.*

14. *Nákita* . . . . *na ba ang Tagaytáy?*

15. . . . . *ay mga tunay na kaibigan.*

16. *Sila ay magbábakasyon sa* . . . . *baháy.*

17. *Gabí na nang* . . . . *ay umalis.*

18. *Huwág* . . . . *magágalit sa akin.*

19. *Nalúlungkot ba* . . . . ?

20. *Marámi* . . . . *bang kaibígan sa Maynila?*

21. *Magsalitâ* . . . . *ng Tagalog sa áting kláse.*

B. Supply the missing word:

1. *Ang papél at plúma ay gámit sa* . . . .

2. *Sina Tom at Mary ay* . . . .

3. *Ang* . . . . *ay para sa mga nagúgutom.*

4. *Ang* . . . . *ay mabangó at magandá.*

5. *Si Mang Tomas ay nagtátanim. Siya ay* . . . .

6. *Si Gng. Cruz ay nagtúturò. Siya ay* . . . .

7. *Tayo ay umíinóm ng* . . . . *kapag naúuhaw.*

8. *Maráming nábabasa sa mga* . . . .

9. *Ang bátang* . . . . *ay nakatútuwâ.*

10. *Ang bátang* . . . . *ay nakagágalit.*

C. Supply the descriptive word:

1. *Si John ay bása nang bása. Siya ay maraming ná-lalaman. Nasásagot niya ang lahát ng tinátanong ng gurò.*

Si John ay . . . .

2. *Ang dálaga ay láging naglílinis ng kanilang baháy. Siya ang naglúlutò ng pagkáin. Siya ang naglálabá ng mga damít.*

Ang dalága ay . . . .

3. *Ayaw niyáng magtrabáho. Gusto niya ay matúlog lamang. Siya ay hindî tumútulong sa kanyáng iná. Kung may gágawin sa báhay siya ay umáalis. Bumabalik lamang siyá kung kákain.*

Siya ay ....

4. *Hindi niya mákita ang kanyang kaúsap. Ang lahát ay madilím. Ang mga bulaklák ay waláng kúlay para sa kanyá.*

Siya ay ....

5. *Mahírap si Peter. Walâ siyáng pagkain. Walâ siyáng damít. Walâ siyáng mga magúlang.*

Si Peter ay ....

D. Write 5 of the following:

Mga hayop:	*Mga pagkain:*	*Mga hanapbuhay:*	*Mga gawain:*
1.	1.	1.	1.
2.	2.	2.	2.
3.	3.	3.	3.
4.	4.	4.	4.
5.	5.	5.	5.

— IV —

A. Answer completely the following questions.

1. *Pumunta ba kayo sa palengke kahapon?*
2. *Nagsasalita na ba kayo ng Tagalog?*
3. *Umiinom ka ba ng kape sa umaga?* (in the morning)
4. *Aalis na ba kayo? Hindi pa ako aalis.*
5. *Sumulat ba kayo sa inyong kaibigan sa Amerika?*

B. Translate into Tagalog.

1. I bought a big house in Quezon City.
2. We read (or are reading) in the class.
3. We shall go to your house tomorrow.
4. Peter's dress is clean.
5. My dress is not clean.

C. Fill the blanks with *ang, ng,* or *sa* and their plural forms.

———— *bisita* ———— *bagong kasal ay mga kaibigan at kamag-anak* ———— *kanilang bayan.*
Kami ay sumakay ———— *kotse, kasama* ———— *katulong at* ———— *anak ko.*
———— *bahay* ———— *aming kaibigan ay nasa Nueva Ecija.*
Umalis kami ———— *Maynila nang ika-10:00* ———— *umaga.*
Maraming pagkain ———— *mahabang mesa.*
Maganda ———— *asawa* ———— *aking kaibigan.*

A. *Um* and *Mag* Verbs:

   1. Conjugate the following:

takbó (*um*)   *alís* (*um*)   *salitâ* (*mag*)   *alagà* (*mag*)

    ———————   ———————   ———————   ———————
    ———————   ———————   ———————   ———————
    ———————   ———————   ———————   ———————
    ———————   ———————   ———————   ———————

   2. Write in Tagalog:

Mary wrote a book. ——————————
He walked to school. ——————————
Peter and his friends left early. ——————————
Mary cannot cook rice. ——————————
Why didn't you clean your hands? ——————————
Do you sell mangoes? ——————————
I want to buy two mangoes. ——————————
He reads well. ——————————
You should write to your mother every week. ——————
He who studies well will speak Tagalog. ——————
Did you eat your breakfast? ——————————
Did Peter leave this morning? ——————————
Don't you like to swim? ——————————

   3. Use the following verbs in any tense:

   Umáwit   ——————————
   Dumalíng   ——————————
   Magbíhis   ——————————
   Gumawâ   ——————————
   Pumások   ——————————
   Bumalík   ——————————
   Lumákad   ——————————

B. *In* Verbs:

   Conjugate the following:

sabihin   *awitin*   *dalhin*   *sirain*   *tawagin*
                                              (to call)

  ——————— ——————— ——————— ——————— ———————
  ——————— ——————— ——————— ——————— ———————
  ——————— ——————— ——————— ——————— ———————
  ——————— ——————— ——————— ——————— ———————

1. Transpose the following into *in* construction:

Kumain sila ng isda. ——————————
Sumulat siya sa akin ng liham. ——————————
Bumabasa si Juan ng pahayagan. ——————————
Ang aking katulong ay nagluto ng pagkain. ——————————
Si Jesus ang nagsabi nito. ——————————
Bumati kayo kay Juan para sa akin. ——————————
Nagmamahal ka ba sa Diyos? ——————————

2. Give the future tense of the following active verbs. Use accents:

to read	——————	to wet	——————
to bring	——————	to say	——————
to wake	——————	to cure	——————
to change	——————	to leave	——————
to play	——————	to remove	——————

C. *Saan* and *Nasaan*

When do you use *saan?* ——————————
When do you use *nasaan?* ——————————

Translate the following:

Where is your home? ——————————
Where is your friend? ——————————
Where is your friend going? ———— to school? ————
Where is your church? ———— in the province? ————
Where did you eat? ———— in Manila? ————
John is in the city. ——————————

D. In the following examples, place a check in the blank if correct. Place the correct word if wrong.

a. *Dito siya nakatira.* ——————————
b. *Saan ang iyong nanay?* ——————————
c. *Nasaan ang kaibigan niya?* ——————————
d. *Sa bahay ba si Maria?* ——————————
e. *Nasaan sila pumaroón?* ——————————
f. *Sila'y nasa tabí ng balón.* ——————————

— VI —

A. Time

Give the following in

Tagalog:		in English:	
today	——	kanina	——
tomorrow	——	mamaya	——
last week	——	noong Enero	——
day before yesterday	——	bukas ng hapon	——
next year	——	sa Linggo	——

145

Give the following in Tagalog and Spanish:

5:00 P.M. ———— ————
2:00 P.M. ———— ————
8:15 A.M. ———— ————
10:30 A.M. ———— ————
12:00 P.M. ———— ————

B. What is the difference between the *MA* and *MAKA* verbs? Conjugate the following:

	Makaalís	*Makalákad*	*Matúlog*
Inf.			
Imp.			
Past			
Pres.			
Fut.			

Translate into Tagalog:

What did you see yesterday? ————————
He was able to buy shoes. ————————
He slept on the floor. ————————
Don't be angry with him. ————————
He was not able to pay. ————————
He woke the baby
    unintentionally. ————————

— VII —

A. Arrange in the correct order and write with proper ligatures:

1. *Marumi bata ang raw ba* ————————
2. *Siya ay bata ba pa* ————————
3. *Siya kumain rin ay ba po* ————————
4. *Nakaalis na ba siya* ————————
5. *Nakapag-aral hindi siya pa* ————————
6. *Bakit siya hindi makatatakbo nang mabilis* ————
7. *Ba ito ang aklat mo* ————————

B. Adjectives:

Give the Tagalog equivalent of the following:

good ——— very good ——— how good ———
industrious ——— very industrious ——— most industrious———

Translate into Tagalog:

1. Peter is brighter than John. ————————
2. John is taller than his brother. ————————
3. My house is as beautiful as his. ————————

146

4. His child is small. ─────────
5. His child is smaller than my child. ─────────
6. His child is of the same height as mine. ─────────
7. His dog is not as bad as his neighbor's. ─────────
8. John and Peter are brothers. ─────────
9. Jack and his friend are of the same color. ─────────
10. My sister is more beautiful than I.

Make your own sentences using the following words:

Magandá ─────────
Kay gandá ─────────
Magandang-magandá ─────────
Nápakagandá ─────────
Pinakamagandá ─────────
Magkasintaás ─────────
Hindî kasinggúlang ─────────
Hindî kasimbaít ─────────

C. Say it in Tagalog:

Don't eat now. ─────────
He cannot ride a horse. ─────────
Can you swim? ─────────
Yes, I can swim. ─────────
You should study Tagalog every day. ─────────
Why don't you eat your supper? ─────────
Do you know his name? ─────────
What do you need? ─────────

— VIII —

A. 1. Use the following in Tagalog sentences giving the English equivalents:

lambót	with	pa-in
kain	"	magpa
upo	"	pa-in
inom	"	magpa

2. Translate into English:

Huwág mong sirain ang papel.
Pinasulat ko siya ng liham.
Siya'y pinaalis ng kanyang ama.
Ang kanyang tákot ay nagpatakbó kay Juan.
Pinabasa niya ako ng pahayagan.

B. Give the plural of the following adjectives in 2 ways:

Magandá ───────── ─────────
Mabuti ───────── ─────────

147

C. Give the meaning of the following in English:

a. ang mabaít _____
b. ang mabait na tao _____
c. ang bumábasa _____
d. ang binábasa _____
e. ang pagtakbó _____
f. ang maglabá _____

D. Give the meaning of the following in English: (passive)

Kanyáng iniligtás ako. _____
Siya'y pinalo ng kaibigan niya. _____
Hindî niya ako sinulátan. _____
Ang kanyang ininumán ay aking báso. _____
Ako'y kanyang binigyán ng aklát niya. _____
Ang iyong ibinigáy ay akin na. _____
Ang sa kanyá ay hindi magagámit ng ibá. _____

ANSWERS TO REVIEW QUESTIONS
in Lesson 50, pp. 139-148

I.

C. 1. Ang tinápay ay kinákain ng batà.
2. Binilí ko ang sapátos sa Escólta.
3. Naglutò ng gúlay ang katúlong námin.
4. Tináwag ng maysakít ang doktór.
5. Kinúha ng batà ang lápis sa báhay.

D.   Ang Panginoóng Hesús at ang Kanyáng mga kaibígan ay nása isang maliít na bangkâ sa dágat. Isang bagyó ang dumating ng biglâ . . . Ang mga álon ay malalaki. Malakás ang hángin. Napúpunô ng túbig ang bangkâ. Tináwag ng mga laláki ang Panginoóng Hesús. Ang sábi nilá, "Walâ bang halagá sa inyo na kamí'y malúnod?" Tumayô ang Panginoóng Hesús sa bangkâ. Nagsalitâ Siya sa hángin at sa dágat at sinábi niyá, "Tumahímik kayo!" Naging tahímik kaagád.

II.

B.
1. ang áking ina
2. ang ating simbáhan
3. ang kanyáng pag-íbig
4. ang kaniláng pag-aáral
5. ang kaniláng pag-ása
6. ang kanyáng paglulutò
7. ang áming pagtataním
8. ang kanyáng kahirápan
9. ang áking kaligayáhan
10. ang inyóng trabáho
11. ang bálak ni John
12. ang táwa ng sanggol
13. ang gálit ng laláki
14. ang ngálan ni Mary
15. ang hángin ng Marso
16. ang súlat ng amá
17. ang matá ng pusà
18. ang sermon ng parì
19. ang pagkáin ng batà
20. ang paá ng háyop

E. 1. b
2. k
3. k
4. b
5. k

148

III.

A.
1.	siya	11.	mo; ninyo
2.	sila	12.	kayo
3.	kanyang	13.	ko; namin
4.	ka	14.	mo
5.	mo	15.	sila; kayo; kami
6.	kaming	16.	aming; ating; inyong
7.	amin; akin; kanila	17.	(any nominative)
8.	siya	18.	kang; kayong
9.	kami; sila	19.	ka
10.	namin; nila	20.	ka; kayo

B.
1. pagsúlat
2. magkaibígan; magkapatíd; etc.
3. pagkáin
4. bulaklák
5. magsasaká
6. gurò
7. túbig
8. páhayagan; aklát; mágasin
9. mabaít; magandá
10. masamâ

C.
1. marúnong
2. masípag
3. banál
4. bulág
5. kaáwaawà

IV.

B.
1. Bumili ako ng isang malaking bahay sa Quezon City.
2. Bumabasa kami sa klase.
3. Pupunta kami sa inyong bahay bukas.
4. Malinis ang baro ni Peter.
5. Hindi malinis ang aking baro.

C. Ang bisíta ng bágong kasál ay mga kaibígan at kamag-ának sa kanilang báyan.
Kami ay sumakay sa kotse, kasáma ang katúlong at ang anak ko.
Ang bahay ng aming kaibígan ay nasa Nueva Ecija.
Umalís kami sa Maynila nang ika-10:00 ng umaga.
Maraming pagkáin sa mahábang mesa.
Magandá ang asawa ng aking kaibígan.

V.

A. 1.
Infinitive	tumakbó	umalís	magsalitâ	mag-alagà
Imperative	tumakbó	umalís	magsalitâ	mag-alagà
Past	tumakbó	umalís	nagsalitâ	nag-alagà
Present	tumatakbó	umaalís	nagsasalitâ	nag-áalagà
Future	tátakbo	áalis	magsásalitâ	mag-áalagà

2. Sumulat ng aklát si Mary.
Lumakad siya sa páaralán.
Umalis nang maága si Peter at ang kanyang mga kaibigan.
Hindi makapaglutò si Mary ng kánin.
Bakit hindi ka naglínis ng mga kamáy?
Nagbíbilí ba kayo ng mga manggá?
Gusto kong bumilí ng dalawáng manggá.
Mahúsay siyang bumasa.

149

Dapat kang sumúlat sa iyong ina linggú-linggó.
(minsan sa isang linggó)
Kung sino ang nag-áaral nang mabuti ay magsásalitâ ng Tagalog.
Kumain ka ba ng almusál?
Umalis ba si Peter ngayóng umaga?
Ayaw mo bang lumangóy?

B.

Infinitive	sabihin	dalhín	siráin	tawágin
Imperative	sabihin	dalhín	siráin	tawágin
Past	sinabi	dinala	sinirà	tináwag
Present	sinasabi	dinadalá	sinisirà	tinátawag
Future	sasabihin	dadalhín	sisirain	tátawagin

1. Kinain nila ang isdâ.
Sinulat niya ang líham sa akin.
Binabasa ni Juan ang páhayagan.
Nilutò ng aking katulong ang pagkáin.
Sinabi ni Hesus itó.
Batiin ninyo si Juan para sa akin.
Minámahal mo ba ang Diyos?

2. bábasa   magbábasà
   magdadalá   magsasabi
   gigising   gágamot
   magbabago   áalis
   maglalarô   mag-áalís

C. *Saán* is used with an action word.
Násaán is used without. Both ask for location.
Násaán ang iyong bahay?
Násaán ang iyong kaibigan?
Saan púpunta ang iyong kaibígan? Sa paaralan?
Nasáan ang inyong simbáhan? Nasa lalawígan?
Saan ka kumáin? Sa Maynilà?
Si John ay nasa lunsód.

D. a. √
   b. Nasaan
   c. √
   d. Nasa
   e. Saan
   f. √

VI

A. ngayón
   bukas
   noong isang linggó
   kamakalawá
   sa isang taón

   a while ago or *earlier in the day*
   later
   last January
   tomorrow afternoon
   on Sunday or *next Sunday*

5:00 p.m. — ikalima ng hapon — a las sinko
2:00 p.m. — ikalawa ng hapon — a las dos
8:15 a.m. — ikawalo at labinlimáng minuto — a las otso y kinse ng umaga

10:30 a.m. — ikasampû at kalahatì ng umaga — a las diyes y medya
12:30 p.m. — ikalabindalawá at kalahatì ng tanghalì — a las dose y medya

B. MA-verbs can be both active or passive depending on whether the
verb needs or does not need an object. MAKA-verbs are always active.

Infinitive	makaalís	makalákad	matúlog
Imperative	(none)	(none)	matúlog
Past	nakaalís	nakalákad	natúlog
Present	nakaáalís	nakalálakad	natútulog
Future	makaáalis	makalálakad	matútulog

Translation into Tagalog:

Ano ang nákita mo kahápon?
Nakabilí siya ng sapatos.
Natúlog siya sa sahíg. (bamboo floor)
Huwag kang magálit sa kanyá.
Hindi siya nakabáyad.
Nágising niyá ang batà.

VII

A. 1. Marumí ba raw ang batà?
2. Siya ba ay bata pa?
3. Siya rin ba ay kumain pô?
4. Nakaalís na ba siya?
5. Hindi pa siya nakapag-áral.
6. Bakit hindi siya makatakbó nang mabilís?
7. Ito ba ang aklat mo?

B. Adjectives:

good — *mabuti;* very good — *nápakabúti;* how good — *kay buti.*
or *mabuting-mabuti*

industrious — *masipag;* very industrious — *nápakasipag* or *masi-
pag na masipag;* most industrious — *pinakamasipag.*

Translation:

1. Lalong marúnong si Peter kaysa kay John.
2. Lalong mataás si John kaysa sa kanyang kapatid na lalaki.
3. Ang aking bahay ay kasinggandá ng kanya.
4. Maliit ang kanyang anak.
5. Lalong maliit ang kanyang anak kaysa sa anak ko.
6. Magkasintaás ang anak niya at ang anak ko.
7. Ang kanyang aso ay hindi kasinsama ng aso ng kapitbahay
niya.
8. Magkapatid sina John at Peter.
9. Si Jack at ang kanyang kaibigan ay magkasingkúlay.
10. Lalong maganda ang aking kapatid kaysa sa akin.

C. Say it in Tagalog:

Huwág kang kumain ngayón.
Hindi siya marunong sumakáy sa kabayo.
Marunong ka bang lumangoy?
Oo, marunong akong lumangoy.
Bakit hindi ka kumain ng iyong hapunan?
Alam mo ba ang kanyang pangalan?
Ano ang kailangan mo?

VIII

A. 2. Translation:

Don't tear the paper.
I caused her to write a letter.
He was asked to leave by his father.
His fear made Juan run.
He made me read the newspaper.

B. Plural of:

maganda: *magagandá; mga magandá*
mabuti: *mabubúti; mga mabúti*

C. Meanings:

a. the good one
b. the good man
c. the one reading
d. the thing being read
e. the manner of running or the running of
f. the washing of clothes

D. Into English in the passive:

I was saved by him.
He was hit by his friend.
He had not written to me.
What he drank from is my glass.
I was given by him his book.
What you have given me is mine already.
What is hers cannot be used by another.

APPENDIX

The -/NA/- Ligature in Tagalog *

One noteworthy feature of Philippine languages is the use of ligatures to express syntactical relationships. The ligature is used as a connective between the two parts it unites. It has an obligatory occurrence with certain sequences. There is a good syntactic reason for its use: to connect two designated constituents.

The greater portion of this study will be on the ligatures in the Tagalog language. Further analysis of the ligatures in other languages and dialects of the Philippines will reveal resemblances in form and consistency in use as construction markers. This study therefore aims not so much to compare the uses of the ligature in all the dialects as to show its presence in almost all of them, thus demonstrating it to be a feature which is characteristic of Philippine languages. The uses may vary from the Tagalog designated constituents and obligatory occurrence, but they all follow the same pattern.

There are two kinds of ligatures in Tagalog: the primary (-/ay/-) which is independent in itself, and secondary (-/na/-) which depends for its existence on the primary ligature whether expressed or implied.

The primary ligature -/ay/- (-/'y/- after vowels) is used when the subject precedes the predicate. The reverse order is used without -/ay/-, as in: (*ang bata ay mabait*), *the child is good*, or with inverse order, (*mabait ang bata*), *good* (is) *the child*.

The ligature which will be the subject of this study is the -/na/- and -/ng-/. The *Balarila ng Wikang Pambansa*, official grammar of the Filipino Language, includes another alternant, /-g/-. In this study, however, /-g/- is considered an orthographical device only. The actual case is that a WB ending /-n/ + ligature /na/> (-*ng*) ; /-g/ is thus not a suffix but a part of a different phoneme /D/.

In the grammatical rules to be introduced on the uses of these construction markers, the relations between the functives would be described according to their dependencies on one another.

---

* An excerpt from "The -/NA/- Ligature in Philippine Languages" by the author.

How are these secondary ligatures used?

1. -/na/- occurs following a word ending in a consonant, other than /n/

    bahay -/na/- malaki — big house
    tahimik -/na/- bata — quiet child

2. -/-ng/- occurs as suffix to a word ending in a vowel.

    maganda- /-ng/- babae — beautiful woman
    lalaki- /ng/- mabait — good man

3. For words ending in /n/, -/-ng/- replaces the final /n/

    ulan- /-g/- — strong rain
    ulan- /g/ malakás — strong rain
    ulan-/-ng/- — rain

It is the primary aim of this study to list the terminals with which the ligature may occur. It has been found out that existing rules governing the particular words that a ligature should connect do not apply to all pairs of immediate consti-tuents which would seem to require the ligature, therefore the inconsistencies and exceptions will be mentioned in passing for a clearer understanding of these attributive constructions. It is assumed, however, that the terminals are subject to accurate identification.

In this connection, it is to be noted that such terms as nouns, adjectives, verbs, etc., are essentially structural rather than lexical designations, that is, a given sequence is not intrinsically a noun, adjective, verb, etc., but becomes either one or the other according to the function which it sustains with other se-quences in the given utterances.

In a study made by Lope K. Santos, he considered the fol-lowing (italic letters) as sequences which require a ligature:

1. nouns and nouns

    Ang bata-/-ng/-babae ay umiiyak.
    The girl is crying.

    Ang batasan-/-g/-bansa ay nagpulong.
    The Congress held a meeting.

2. adjectives and nouns (vice versa)

    a. Nasunog ang *malaki -/-ng/- bahay*.
       The big house was burned.

       Nasunog ang *bahay -/na/- malaki*.
       The big house was burned.

b. *Ang mabait -/na/- tao* ay maraming kaibigan.
A good man has many friends.

Ang tao -/ng/- mabait ay maraming kaibigan.
A man who is good has many friends.

3. nouns and pronouns (vice versa)

a. Ang *bahay -/na/- iyan* ay akin.

Iyan -/-g/ bahay na iyan ay akin.
That house is mine.

b. Ito *ang lupa -/ng/-* aking binili.

Ito ang binili *ko -/-ng/-* lupa.
That is the lot I bought.

4. pronouns and adjectives (vice versa)

a. *Ikaw -/na/- marunong ang dapat magsalita.*
You who are learned should speak.

b. *Kayo -/-ng/- mababait ang magbigay.*
You (pl) who are good should give.

k. *Ang hangal -/na/- ito ay natatakot.*
This ignorant one is afraid.

d. *Ang mabait -/na/- iyan ay sumásamâ.*
That good one is getting bad.

EXCEPTIONS: With adjectives preceding pronouns, the ligature is usually lost:

> *Marunong ka.* You are learned.
> *Mabait kayo.* You (pl) are good.

5. Pronouns and pronouns

> *Kinuha ninyo yaon -/-g/- amin.*
> You took that which is ours.

> *Tayo -/-ng/- kanilang kapitbahay....*
> We who are their neighbors....

EXCEPTIONS: There are some pronoun-pronoun sequences which do not need a ligature, like:

> Kung *ako ikaw,* aalis ako.
> If I were you, I would leave.

> *Sino kayo?* Who are you?
> *Kanya ito.* This is his.

6. nouns and verbs (vice versa)

   a. Ang *ibon* -/-*g*/- *lumilipad* ay binaril.
      The bird that was flying was shot at.
      (*ibon* -/-*ng*/- — bird)
      Ang *lumilipad* -/*na*/- *ibon* ay binaril.

   b. Ang *kumakain* -/-*g*/- *tao* ay tinawag.
      The man who was eating was called.
      (*kumakain* -/-*ng*/- — eating)

      Ang *tao* -/-*ng*/- *kumakain* ay tinawag.

7. adjectives and verbs (vice versa)

   a. *Pagod* -/*na*/- *dumating* ang ama ko.
      Dumating -/*na*/- *pagod* ang ama ko.
      My father arrived tired.

   b. *Nagbalik* -/*na*/- *gutom* ang lalaki.
      Gutom /*na*/ *nagbalik* ang lalaki.
      The man returned hungry.

The adjective expression in this sequence becomes abverbial.

8. verbs and pronouns (vice versa)

      Tatawagin -/-*g*/- *ano* ang bata?
      What will you call the child?
      (*tatawagin* -/-*ng*/- — will call)

      Mayroon akong *ipapasa* -/-*ng*/- *ilan*.
      I will have a few to pass.

   This sequence is almost the exception to the rule as the common expression will be without a ligature.

      Liligaya tayo.
      We shall be happy.

      Tumatawag siya ng manggagamot.
      He is calling a doctor.

      Kinuha ko ito.
      I took this.

9. Verbs and verbs.

      Nagagalit -/*na*/- *tumatawa* ang ulol.
      The fool is angry but laughing.

      Ang bata ay *pinabayaan* -/-*g*/- *umalis*.
      The child was allowed to go.
      (*pinabayaan* -/-*ng*/- — allowed)

      Namatay -/*na*/- *lumalaban* ang bayani.
      The hero died fighting.

EXCEPTIONS: A ligature is not used in verb-verb sequences when the resulting expression is adjectival, as in:

> *Mamatay-mabuhay* ang relos.
> The watch dies (stops) and lives (goes).
>
> *Lumabas-pumasok* ang bata.
> The child gets in and out.

It is not needed, too, between the auxiliary and principal verbs:

> *Ayaw kumain* ang maysakit.
> The patient does not like to eat.
>
> *Dapat mag-ingat* sa mga aso.
> We must beware of dogs.

10. Verbs and adverbs (vice versa)

    a. *Kumakain -/g/- mabilis* ang panauhin.
       The guest eats fast.
       (*kumakain -/-g/-* — eating)

       Mabilis -/na/- kumakain ang panauhin.

    b. *Madalas -/na/- umiiyak* ang sanggol.
       Umiiyak -/na/- madalas ang sanggol.
       The baby cries often.

11. nouns and adverbs (vice versa)

    a. Ang *tao -/ng/- kanina* umalis ay nagbalik.
       The man who left a while ago returned.

       Iyan ay *pangako -/-ng/- matagal* na.
       That is a promise a long time ago.

    b. Ang *palagian -/-g/- bantay* rito ay siya.
       He is the permanent watch here.
       (*palagian -/-ng/-* — permanent)

       Natapos ang *matagal -/na/- pag-aaway* nila.
       Their long feud ended at last.

12. adjectives and adverbs (vice versa)

    a. *Mahal -/na/- totoo* ang sapatos mo.
       Totoo -/-ng/ - mahal ang sapatos mo.
       Your shoes are truly dear.

    b. *Talaga -/-ng/- mabait* ang ina ko.
       Mabait -/na/- talaga ang ina ko.
       My mother is really kind.

13. conjunctions and adverbs

> *Sakali -/-ng/- hindi* dumating, ako ang lalakad.
> If he does not come, I shall go.

> *Samantala -/ng/- wala*, tayo'y magtiis.
> While we have none, let us be patient.

Conjunctive *kung* — if, does not need a ligature in any sequence.

Some sequences do not require the ligature *-/na/-* like the following:

1. an article, with any word.

> *Ang bata* ay mabait.
> The child is good.

> *Si Pedro* ay nagtatanim.
> Pedro is planting.

2. adverbs (of doubt, negation, affirmation) with pronouns

> *Hindi siya* ang may kasalanan.
> He is not to blame.

> *Wala kami* niyan.
> We do not have that.

> *Marahil tayo* ang susunod.
> Maybe we shall follow.

> *Baka ako* ang sinasabi niya.
> I may be the one she mentions.

3. adverbs and adverbs (except when repeated, meaning superlative)

> *Bukas din*, ibibigay ko sa iyo.
> Right tomorrow, I shall give you.

> *Halos gabi na* nang ako'y dumating.
> It was almost night when I arrived.

> *Hindi raw.*
> No, they say.

4. auxiliary verbs and adverbs

> *Ibig pa* namin kumain.
> We like to eat some more.

5. Interjections and any other words

> *Aray! naman.*
> Ouch!

6. Nouns and postposed possessive pronouns.

> Ang *aklat ko* ay bago.
> My book is new.

> Ang *bahay namin* ay malaki.
> Our house is big.

7. *Kung* (*if*) with any word.

> *Kung aalis* ka, sasama ako.
> If you leave, I shall go with you.

Common Verb Forms in Tagalog

Interpretation

1. All verbs marked Indefinite (Active) take a nominative doer. The indefinite is generally used in an intransitive sentence (where no object is required) in which the emphasis is on the doer or on the action done.

2. All verbs marked Definite (Passive) take a "possessive" doer. The definite is generally used in transitive sentences (where an object is required) in which the emphasis is on the object, instrument, or place of action.

3. When a number is indicated in the column, usage allows the use in only that form. Where there is no number indicated, both forms are used.

4. Forms of irregular verbs are written.

5. Letters (a) and (b) mean both forms are used correctly but (a) is first choice and is more frequently used.

6. For more detailed uses of *MA-* and *MAKA-* see Lesson 19.

7. Verb forms with *I-* have a different pattern when the roots begin with a vowel and semi-vowels *h, l, w,* and *y.* The present and past tenses are formed by changing *-in* to *ni-*.

8. The blanks do not all mean that there are no verb forms for that particular affix. Some are not included because they are not of common usage.

9. For rules on when to suffix *in* or *hin,* and *an* or *han,* see Lessons on these verb forms.

10. *Ma* verbs which do not have direct objects or receivers have their actors in the nominative (active). *Ma* verbs which have receivers have their actors in the "possessive" form. (Passive)

CONJUGATION PATTERN

A. With vowel-initial root: *alís*

	-UM-	MAG-	-MA- or MÁ-	-MAKÁ-	-MAKA-	-MAKI-	-PAKI-	-MAGPA-	PA-IN	I	-IN	-AN	MA-AN	PA-AN
Infinitive	— umalís	mag-alís	maalís	makáalís	makaalís	makialís	pakialís	magpaalís	paalisín	ialís	alisín	alisán	maalisán	paalisán
Imperative	— umalís	mag-alís	(none)	(none)	(none)	makialís	pakialís	magpaalís	paalisín	ialís	alisín	alisán	(none)	paalisán
Past	— umalís	nag-alís	naalís	nakáalis	nakaalis	nakialís	pinakíalís	nagpaalís	pinaalís	inialís	inalís	inalisán	naalisán	pinaalisán
Present	— umáalis	nag-áalis	naaalís	nakákaalís	nakaáalís	nakíkialís	pinakíkialís	nagpápaalís	pinaáalís	iniáalís	ináalís	ináalisán	náaalisán	pinaaalisán
Future	— áalís	mag-áalis	maaalís	makákaalís	makaáalís	makíkialís	pakíkialís	magpápaalís	paáalisín	iáalis	áalisín	áalisán	máaalisán	paaalisán
Verbal noun	— pag-alís	pag-aalís	pag-alís	pagkakáalís	pag-alís	pakíkialís	pakíkialís	pagpápaalís	pagpápaalís	pag-alís / pag-aalís	pag-aalís	pag-aalís	pag-aalís	pagpapáalís

B. With consonant-initial root: *bása*

	-UM-	MAG-	-MA- or MÁ-	-MAKÁ-	-MAKA-	-MAKI-	-PAKI-	-MAGPA-	PA-IN	I	-IN	-AN	MA-AN	PA-AN
Infinitive	— bumása	magbasá	mabása	makábasa	makabása	makibása	pakibása	magpabása	pabasáhin	ibása	basáhin	basáhan	mabasáhan	pabasáhan
Imperative	— bumása	magbasá	(none)	(none)	(none)	makibása	pakibása	magpabása	pabasáhin	ibása	basáhin	basáhan	(none)	pabasáhan
Past	— bumása	nagbasá	nabása	nakábasa	nakabása	nakibása	pinakibása	nagpabása	pinabása	ibinasa	binása	binasáhan	nabasáhan	pinabasáhan
Present	— bumábasa	nagbábasá	nabábasa	nakákabasa	nakabábasa	nakíkibása	pinakíkibása	nagpápabása	pinabábasa	ibinábasa	binábasa	binábasáhan	nababasáhan	pinabábasahan
Future	— bábasa	magbábasá	mabábasa	makákabasa	makabábasa	makíkibása	pakíkibása	magpápabása	pabábasáhín	ibábasa	bábasáhin	bábasáhan	nababasáhan	pabábasahan
Verbal noun	— pagbása	pagbabasá	pagbása	pagkakábasa	pagbása	pakíkibása	pakíkibása	pagpápabása	pagpápabása	pagbása / pagbabasá	pagbabasá	pagbabasá	pagbabasá	pagpapabása

VERB ROOTS	UM- (indefinite)	MAG- (indefinite)	MA- 1. accented 2. unaccented	MAKA- 1. accented 2. unaccented (Indefinite)	MAKI- (1) (indefinite) (2) PAKI- (definite)	MAGPA- (1) (indefinite) (2) PA-IN (definite)	I- (definite)	IN or -HIN (definite)	-AN or -HAN (definite)
1. *abót* reach for	to reach for (b)		2) to be able to reach (definite)	2) to be able to reach	to please reach for	1) to ask someone to reach for something (b)	reach something for someone (a)	reach for (a)	
2. *abót* hand over		to hand over (like money, etc.) (b)			to please hand over		have something handed over.		to hand over something to someone (a)
3. *ábot* overtake	to overtake (b)	to meet or overtake one another	(with suffix—AN) 1) to overtake (a)	2) to be able to overtake		1) to let someone overtake another			to overtake (a)
4. *alá(a)la* remembrance			1) to remember	2) to be able to remember	2) to please remember		*alalahánin* remember		
5. *alá(a)la* concern, worry		to worry or be concerned (b)						to worry or be concerned (a)	
6. *alís* go; leave	to leave or go			2) to be able to leave		to order someone to leave or go			
7. *alís* remove from		to remove (b)	2) to be able to remove from	2) to be able to remove, (stains, color)	to please remove from		have one or a thing removed	to remove (a)	to remove a thing from someone or someplace (a)
8. *amóy* smell	to smell		1) to smell involuntarily 2) to be able to smell	1) to smell involuntarily 2) to be able to smell	2) to please smell	to let someone smell something	to smell something another	to smell (a)	to do some investigating (colloquial)

VERB ROOTS	UM- (indefinite)	MAG- (indefinite)	MA- 1. accented 2. unaccented	MAKA- 1. accented (indefinite) 2. unaccented (indefinite)	(1) MAKI- (indefinite) (2) PAKI- (definite)	(1) MAGPA- (indefinite) (2) PA-IN (definite)	I- (definite)	-IN or -HIN (definite)	-AN or -HAN (definite)
9. *alagá* care		to take care of (b)			*PAKI-AN* to please take care of	1) to let someone to take care of (a) *[PA-AN]*			to take care of (a)
10. *antáy (hintáy)* wait		to wait for (b)	2) to be able to wait for (b)	2) to be able to wait for (b)	to please wait for	to have someone wait		to wait for (a)	to expect something from someone
11. *anyáya* invitation (*kumbidá*)	to invite (b)	to invite (b)	with -*HAN* 1) to invite without previous intention	2) to be able to invite	to please invite	(*PA-HAN*) to have someone invite another			to invite (a)
12. *áral* study		to study		(with *MA-KAPAG-*) to be able to study		1) to support someone's studies 2) with *PA-AN*			to teach a moral lesson to someone
13. *awà* pity			2) to pity (a)			1) to cause pity			*KA-AN* to pity (a)
14. *áway* quarrel; fight		to quarrel with each other (a)	2) to be able to quarrel with		*MAKIPAG-* to quarrel with someone (b)			to quarrel with someone (a)	
15. *áyaw* decline, dislike	to decline or dislike (b)								to decline or dislike (a)
16. *áyos* order, fix		to put in order or to arrange (b)	2) to be able to put in order	2) to be able to put in order or arrange	to please arrange or put in order	1) to let another put something in order	to have something arranged or fixed (b)	to put in order or to fix (a)	to fix or arrange something in a place

VERB ROOTS	-UM- (indefinite)	MAG- (indefinite)	MA- 1. accented 2. unaccented	MAKA- 1. accented 2. unaccented (indefinite)	(1) MAKI- (indefinite) (2) PAKI- definite	(1) MAGPA- (indefinite) (2) PA-IN (definite)	I- (definite)	-IN or -HIN (definite)	-AN or -HAN (definite)
17. *bágo* change (not with money)		to change a situation or condition (b)	2) to be able to change	2) to be able to change	to please change	(1) to cause a change (b)	to cause a change in place	to change (a)	to make a change on something
18. *bálak* plan, purpose		to plan (a)	2) to be able to plan	2) to be able to plan	to please plan	to make someone plan		to plan (b)	with *PAG-* to plan something on another
19. *balík* return	to return (b)	to return (a)	1) to return unintentionally	2) to be able to return	2) to please return something	2) to have someone return	to have something returned		to return to (b)
20. *balità* news		to give out news about something (b)	1) to receive news	1) to receive news accidentally	1) to please get some news 2) to relay the news	1) to let someone relay the news	to give out news about something (a)		to give out news to another (a)
21. *bálot* wrap		to wrap (b)	2) to be able to wrap	*MAKAPAG-* 2) to be able to wrap	2) to please wrap	2) to let someone wrap something (without *-IN*)	to wrap in something	to wrap something (a)	to have something wrapped
22. *bantáy* watch		to watch (b)		2) to be able to watch	to please watch over	1; to have someone watch *PA-AN*			to watch over (a)
23. *barò* dress		to put on a dress on one's self			2) with *-AN* to please dress someone			to use for or as a dress	to have someone dressed
24. *bása* read	to read (b)	to read (a)	1) to read involuntarily 2) to be able to read	2) to be able to read	to please read	to let someone read	to let someone read for another	to read something (a)	to read for someone

VERB ROOTS	UM- (indefinite)	MAG- (indefinite)	MA- accented 1. accented 2. unaccented	MAKA- accented 1. 2. unaccented (Indefinite)	(1) MAKI- (indefinite) (2) PAKI- (definite)	(1) MAGPA- (indefinite) (2) PA-IN (definite)	I- (definite)	-IN or -HIN (definite)	-AN or -HAN (definite)
25. *basá* wet		to get wet	1) to get wet accidentally 2) to get wet	2) to be able to wet	to please wet something	1) to have someone wet something		to get wet (a)	
26. *bati* greet	to greet (b)	to greet one another	2) to be able to greet	2) to be able to greet	to please greet		to have another do the greeting	to greet (a)	
27. *báyad* pay	to pay (b)	to pay (a)	(*MA-AN*) 2) to be able to pay	2) to be able to pay	(2) With -AN to please pay	to let someone pay *PA-AN*	(*ipag-*) to pay for another (*i-*) to use for paying		to pay for something or to someone (a)
28. *bigáy* give		to give or share with (b)	(*MA-AN*) 2) to be able to give	2) to be able to give	to please give	1) to let someone give	to give something to another		(*bigyán*) to give or share with (a)
29. *bilang* count; number	to count (a)	to count (a)	2) to be able to count	2) to be able to count	to please count	1) to have someone count	to count for another	to count (a)	to count to someone
30. *bilí* buy	to buy (a)		1) to buy unintentionally 2) to be able to buy	2) to be able to buy	to please buy	to let someone buy	to buy for another	to buy (*bilhín*) (b)	(*bilhín*) to buy from *PAG-AN* to sell to another
31. *bili* sell		to sell (b)	*MAIPAG-* to be able to sell	*MAKAPAG-* to be able to sell			(*IPAG*) to sell (a)		
32. *birò* joke, tease		(*magbiró*) to joke or tease (b)	1) to joke unintentionally	2) to be able to joke or tease				to joke or tease (a)	(with *mag-*) to joke with one another
33. *bukás* open		to open	*MA-AN* 2) to be able to open	2) to be able to open	*PAKI-AN* to please open	1) to have someone open something	to have something opened		(*buksán*) to open (a)

VERB ROOTS	UM- (indefinite)	MAG- (indefinite)	MA- 1. accented 2. unaccented	MAKA- 1. accented (indefinite) 2. unaccented (indefinite)	MAKI- (1) MAKI- (indefinite) (2) PAKI- (definite)	MAGPA- (1) MAGPA- (indefinite) (2) PA-IN (definite)	I- (definite)	-IN or -HIN- -AN (definite)	PA-AN or -HAN (definite)
34. *búhay* life	to give life (b)	to live like someone or something	2) to be able to give life (b)	2) to be able to give life	to please revive (as in fire)		to use to support or give life	to revive or to give life (a)	
35. *kagát* bite	to bite (b)		1) to be bitten accidentally 2) to be able to bite	1) to bite accidentally 2) to be able to bite	to share with a bite	to allow one to bite (food)	to bite for another	to bite (a)	to bite from a piece of anything
36. *káin* eat	to eat (a)	(*magkáin*) to eat frequently	1) to eat unintentionally 2) to be able to eat one thing	2) to be able to eat	to share with another's food	to let others eat	to eat for another	(*kánin*) to eat something (a)	(*kánan*) to eat from
37. *kamáy* hand-shake	to shake one's hand (b)	to shake one another's hand		2) to be able to shake one's hand	to please shake another's hand (2) *PAKI-AN*				to shake one's hand (a)
38. *kamáy* to use hands		to use one's hand (esp. in eating.)	2) to be able to do with the hands					to use one's hand (a)	
39. *kantá* song (syn. *áwit*)	to sing (a)	to sing (a)	2) to be able to sing	2) to be able to sing	to please sing	to request someone to sing		to sing (a)	to sing for
40. *kinig* listen			to listen (b)						(with *PA- pakinggán*) to listen (a)
41. *kita* see	to see (a)	to see one another	to see	1) to be able to see		(1) to show oneself or something	*IPA-* to be shown something		*PA-AN* to show something to another

VERB ROOTS	UM- (indefinite)	MAG- (indefinite)	MA- 1. accented 2. unaccented	MAKA- accented unaccented (indefinite)	(1) MAKI- (indefinite) (2) PAKI- (definite)	(1) MAGPA- (indefinite) (2) PA-IN (definite)	I- (definite)	-IN or -HIN (definite)	-AN or -HAN (definite)
42. *diníg* **hear**			1) to hear	(*makárinig*) to be able to hear		1) to let some-one hear (a)	with *IPA-* to have some-thing heard (a)		(with *PA-* *paringgán*) to cause some-one to hear (b)
43. *káha* get	to get	(*magkuhá*) to get frequently	2) to be able to get	2) to be able to get	to please get	to have some-one get some-thing	to get some-thing for another (a)	(*kunin*) to get something	(*kúnan*) to get from
44. *kúmot* blanket		to use a blanket			to share a blanket with another	to allow the use of blanket		to use for blanket	to put a blanket on
45. *kunsúlta* consul-tation	to consult (a)		2) to be able to consult	2) to be able to consult	to please consult	to have some-one consult another	to consult about some-one	to consult (b)	
46. *kuwénto* story		to relate a story (a)			to please re-late the story	1) to let some-one relate a story	to relate a story		to relate a story to some-one (b)
47. *daán* passage, way	to pass by (b)	1) to pass by (a)	(*MAPA-*) to pass by unintention-ally	2) to be able to pass by or through	to please al-low to pass	to let one pass by or through	to have some-thing brought to another		to pass for someone or to pass through
48. *dagdág* addition	to add; increase (b)	to add more (b)	(1) *MA-AN* to be able to make an addi-tion	to be able to make an addi-tion	(with *-AN*) to please add some more	to request someone to add more	to have some-thing added		to add more to (a)
49. *dalá* bring, carry		to carry or bring	1) to carry along unex-pectedly 2) to be able to carry	2) to be able to carry	to please carry	to let someone carry or bring something		(*dalhín*) to carry or bring (a)	(*dalhán*) to bring some-thing to some one

VERB ROOTS	UM- (indefinite)	MAG- (indefinite)	MA- 1. accented 2. unaccented	MAKA- 1. accented (indefinite) 2. unaccented (indefinite)	(1) MAKI- (indefinite) (2) PAKI- (definite)	(1) MAGPA- (indefinite) (2) PA-IN (definite)	I- (definite)	-IN or -HIN (definite)	-IN or -HIN -AN or -HAN (definite)
50. *damdám* feeling		to feel hurt emotionally (a)	1) *MÁ-AN* to be able to feel	1) to be able to feel	1) to feel out situation 2) *PAKI-AN*	to let someone feel		to feel hurt (emotionally) (a)	
51. *damít* clothes		to put on clothes (a)			to use for dress or clothes	to give clothes to another		to use for dress or clothes	to put on clothes on another (b)
52. *dasál* prayer		to pray (a)	2) to be able to pray	2) to be able to pray	to please pray for	1) to have someone pray		to pray a particular prayer	with *PAG-* to pray to
53. *dilím* darkness	to get dark	to become dark				to wait for darkness		to be over- taken by darkness	
54. *dugô* blood	to bleed (b)	to bleed (a)				to cause bleeding		to suffer a hemorrhage	to get blood from any body part
55. *dumí* dirt, waste	to move one's bowel	to make dirty (a)				to make dirty			to make dirty (a)
56. *gabí* night	to signify the approach of night					1) to stay until night		to be over- taken by night	
57. *gálit* anger			to be angry	1) *máka-* to be angry with (definite or passive) 2) to cause anger		to make some- one angry (b)	to make some- with *IKA-* to cause anger	to make one angry (a)	(with *Ka-*) to scold or reprimand
58. *gámit* use	to use (b)		1) to use un- intention- ally 2) to be able to use	2) to be able to use	to please allow the use of	to allow some- one to use something		to use (a)	to use with; on

VERB ROOTS	UM- (indefinite)	MAG- (indefinite)	MA- 1. accented 2. unaccented	MAKA- 1. accented 2. unaccented (indefinite)	(1) MAKI- (indefinite) (2) PAKI- (definite)	(1) MAGPA- (indefinite) (2) PA-IN (definite)	I- (definite)	-IN or -HIN (definite)	-AN or -HAN (definite)
59. gamót medicine	to cure (b)		2) to be able to cure	2) to be able to cure	2) to please cure	1) to have someone cured	to use for curing	to cure (a)	
60. gawá deed	to make or do (b)		2) to be able to do or make	2) to be able to do	to please do or accomplish	to have someone do something	to do or make for another	(gawín) to do (a)	(gawán) to do something to another; or in a place
61. gising awake	to make (a)		1) to wake up involuntarily	2) to cause one to wake up	to please wake up another	to allow one to wake up another		to wake up (a)	
62. gupit to cut with scissors	to cut (b)		2) to be able to cut	to be able to cut	to please cut (a)	(mappa-) to have the hair cut	to use for cutting	to cut (a)	to cause someone's hair or nail to be cut
63. gútom hunger			2) to be hungry (a)			to cause hunger		to be hungry (b)	
64. habà length	to increase in length				2) with -AN to please lengthen	with -AN to allow to increase in length (b)			to increase in length (a)
65. halál elect		to elect (b)	1) to be elected		2) to please elect	to let someone be elected	to elect (a)		
66. halík kiss	to kiss (b)	with AN- to kiss one another		2) to be able to kiss		to allow someone to be kissed	to kiss for someone	(hagkán) to kiss (a)	
67. hánap search	to search for (b)	to look for (b)		2) maká- to be able to look for	to please help search for something	to have someone look for something	to look for something for someone	to search for (a)	to look for something from

VERB ROOTS	UM- (indefinite)	MAG- (indefinite)	MA- 1. accented 2. unaccented	MAKA- 1. accented 2. unaccented (indefinite)	(1) MAKI- (indefinite) (2) PAKI- (definite)	(1) MAGPA- (indefinite) (2) PA-IN (definite)	I- (definite)	-IN or -HIN (definite)	-AN or -HAN (definite)
68. *háwak* hold	to hold on something	to hold something (b)	2) with -AN to be able to hold	2) to be able to hold	to please hold	to let something or someone hold			to hold something (a)
69. *higá* lie down	to lie down (b)		2) to lie down (a)	2) to be able to lie down			to lay down something (a)		to lie down on
70. *hingá* breath	to breathe			2) to be able to breathe		to rest	to exhale		to breathe into
71. *hingí* ask for	to ask for (a)		2) to be able to ask for	2) to be able to ask for	to request for	2) to request for	to ask something for another	(*hingín*) to ask for (b)	(*hingán*) to ask from
72. *hintáy* (see antay)		to wait for (b)	2) to be able to wait	2) to be able to wait	to please wait	to let someone wait for another 2) *PAG-IN*		to wait for (a)	to await something from
73. *hirám* borrow	to borrow (a)		1) to be able to borrow	(*maká-*) 1) to be able to borrow	to borrow		to borrow for another	to borrow (a)	to borrow from
74. *hirám* lend			*MAPA-* to be lent	*MAKA-PAGPA-* to be able to lend		to lend something to another (a)	with *IPA-* to lend something to another		
75. *húgas* wash		to wash (b)	2) with -AN to be able to wash	2) to be able to wash	to request permission to wash	1) to make someone wash something			to wash (a)
76. *íbig* love	to love (b)		2) to be able to love	2) to be able to love		1) to allow someone to be loved		to love (a)	

VERB ROOTS	UM- (indefinite)	MAG- (indefinite)	MA- 1. accented 2. unaccented	MAKA- 1. accented 2. unaccented (indefinite)	(1) MAKI- (indefinite) (2) PAKI- (definite)	(1) MAGPA- (indefinite) (2) FA-IN (definite)	I- (definite)	-IN or -HIN (definite)	-AN or -HAN (definite)
77. *inóm* drink	to drink (a)		1) to drink accidentally 2) to be able to drink	1) to drink accidentally 2) to be able to drink	2) to request for a drink	to give a drink	to drink for someone	to drink (a)	to drink from
78. *ilaw* light	to carry light (as in a procession)	to light			2) with -AN to please keep a light on something	to have a light		to use for light	to keep a light on something
79. *isip* think	to think (b)	to do some thinking	2) to be able to think	2) to be able to think	to please think	to let someone think	to think for another	to think (a)	
80. *iyák* cry	to cry	(*mag-iiyák*) to cry continuously	1) to cry involuntarily	2) to be able to cry		to make someone cry			to cry to someone
81. *labá* wash		to wash clothes (b)	2) with -AN to be able to wash clothes	2) to be able to wash	2) with -AN to please wash	to have someone wash something			(*labhán*) to wash clothes (a)
82. *lában* fight	to fight or quarrel with (a)	to fight with one another		1) to fight unexpectedly 2) to be able to fight		to let someone fight another	to use as cause or instrument for fighting		to fight or quarrel with (b)
83. *lákad* walk	to walk or to go (a)	to do some walking (a)	2) to be able to walk	2) to be able to walk	2) to please help expedite (idiomatic)	to have someone walk; to send to a place	to use for walking	to walk a distance (b)	to walk on
84. *lagáy* condition		to place or put something into (b)			to please put or place	to let someone place something (2) *PA-AN*	to place a thing on something		(*lagáyan*) to place or put something into (a)
85. *langóy* swim	to swim (a)		2) to be able to swim	2) to be able to swim		to allow to swim		to swim	to swim in

VERB ROOTS	UM- (indefinite)	MAG- (indefinite)	MA- accented 1. unaccented 2.	MAKA- accented 1. unaccented 2.	(1) MAKI- (indefinite) (2) PAKI- (definite)	(1) MAGPA- (indefinite) (2) PA-IN (definite)	I- (definite)	-IN or -HIN (definite)	-AN or -HAN (definite)
86. *laró* play	to play (b)	to play (a)	2) to able to to play	2) to be able to play	to play play with	to let someone play		to play (b)	with *PAG-* to play with
87. *ligò* bath			to take a bath to be able to take a bath (a)	2) to be able to take a bath		1) to bathe someone			(with *PA-*) to give a bath; to bathe (a)
88. *limot* forget	to forget (b)		*MA-AN* to forget something	to be able to forget				to forget (a)	*KA-AN* to forget (a)
89. *linis* clean	to be clean	to clean (b)	2) to be able to clean	2) to be able to clean	2) to please clean	to have something cleaned	*IPAG-* to use for cleaning	to clean (a)	
90. *lutò* cook		to cook (b)	2) to be able to cook	2) to be able to cook	2) to please cook	to have someone cook	*IPAG-* to cook something (a) *IPAG-* to cook for someone	to cook something (a)	(with *PAG-*) to cook in
91. *mahál* dear; expensive		to love (b)	1) to increase in value					to love (a)	to put up the price
92. *múra* cheap			1) to reduce in value or price	1) to pay cheaply unintentionally					to reduce in value or price
93. *múra* bad words		to use bad words; to curse (b)	1) to curse or say bad words unintentionally	1) to curse or say bad words unintentionally	2) to use bad words against one	1) to allow to say bad words to another		to use bad words or to curse another (a)	
94. *paalám* goodbye		to bid goodbye (a)		*MAKAPAG-* 2) to be able to bid goodbye			(*Ipag-*) to say goodbye for another		to bid goodbye to (b)

VERB ROOTS	UM- (indefinite)	MAG- (indefinite)	MA- 1. accented 2. unaccented	MAKA- 1. accented 2. unaccented (Indefinite)	(1) MAKI- (indefinite) (2) PAKI- (definite)	(1) MAGPA- (indefinite) (2) PA-IN (definite)	I- (definite)	-IN or -HIN (definite)	-AN or -HAN (definite)
95. *paríto* come	to come			2) to be able to come		to have some-one come			to come for something or someone
96. *pások* enter	to enter (a)	to help one to enter	2) to be able to enter	2) to be able to enter		to let some-one enter	to have some-one admitted	to enter (b)	to bring some-thing inside
97. *patay* kill	to kill	to kill animals, light	1) to kill acci-dentally 2) to be able to kill	1) to kill ac-cidentally 2) to be able to kill	2) to please kill (animals, light)	1) to have someone killed	to use for killing	to kill (a)	
98. *páyag* consent	to consent or allow (a)			2) to be able to consent			to allow or to consent (b)		to consent or allow (a)
99. *pintá* paint		to paint (a)			to please paint	to have something painted	to use as object for painting *Ipag-* to use for painting		to paint some-thing (a)
100. *pistá* feast		to celebrate a feast (a)			1) to cele-brate with	to have some-one celebrate		to honor with a feast (b)	
101. *púlong* meeting		to hold a meeting (a)	2) to be able to meet			1) to hold a meeting		to meet (b)	with *PAG-* to meet about something
102. *puntá* go	to go to (a)	to go to (a)		1) to go to without previous intention 2) to be able to go to	1) to please go to	to have some-one go to a place			to go to a place (b)
103. *punô* full		to fill (b)	2) to be able to fill	2) to be able to fill	2) to please fill			to fill (a)	(*punán*) to add to

VERB ROOTS	UM- (indefinite)	MAG- (indefinite)	MA- 1. accented 2. unaccented	MAKA- 1. accented 2. unaccented (Indefinite)	(1) MAKI- (indefinite) (2) PAKI- (definite)	(1) MAGPA- (indefinite) (2) PA-IN (definite)	I- (definite)	-IN or -HIN (definite)	-AN or -HAN (definite)
104. putók explosion	to explode or burst (a)	to explode or burst (a)				(1) to cause a shot or explosion (2) to explode			(with pa-) to be the target of a shot
105. hablá complaint		to complain (a)		2) to be able to complain			to file a complaint (b)		
106. sábi said		to tell (b)	1) to tell without previous intention 2) to be able to tell	with MAKAPAG- 2) to be able to tell	to please tell	1) to send word to another		to tell (a)	(with PAG-) to tell someone or to reprimand (b)
107. sakáy rider	to ride in (a)	to take for a ride (a)	1) to take for a ride involuntarily 2) to be able to ride	1) to go with in a ride 2) to be able to ride	to please allow to ride in	to allow someone to get a ride	to offer a ride		(sákyan) to ride in (b)
108. sakít illness	to suffer pain	(with magka-) to be sick		2) to inflict pain		to cause a pain or sickness			(saktán) to inflict a wound or cause pain
109. sáhod wage	to earn a wage (a)		2) to be able to get the salary	2) to be able to get the salary		to give a salary or wage		to receive a salary or wage (b)	to give a wage to someone
110. salitá word, talk		to talk (a)	1) to say involuntarily 2) to be able to say	(MAKAPAG-) 2) to be able to talk		to allow someone to talk		(with PA-) to talk to or to reprimand	
111. sáma go with	to go with (a)	to bring someone along with	1) to go with without previous intention	2) to be able to go with		to have someone go with another	to take along with (a)	with PA- to allow to go with	to go with or to accompany another (a)

VERB ROOTS	UM- (indefinite)	MAG- (indefinite)	MA- accented 1. unaccented 2. (indefinite)	MAKA- accented 1. unaccented 2. (indefinite)	(1) MAKI- (indefinite) (2) PAKI- (definite)	(1) MAGPA- (indefinite) (2) PA-IN	-I (definite)	-IN or -HIN (definite)	-AN or -HAN (definite)
garà — close	to close by itself		1) to close accidentally		2) to close		to close (a)		to close (a)
112. sayáw dance	to dance (a)	to dance (a)	2) to be able to dance	1) to dance with accidentally 2) to be able to dance	to please dance to a tune or music	to have someone dance	to dance with one or to a tune		to dance to a particular music or tune (b)
113. sepílyo brush		to brush (b)	2) to be able to brush	2) to be able to brush	to allow one to brush	to let someone brush something	to use for brushing	to brush (a)	
114. sirà damage	to damage (as of money; to embezzle)	(magsirà) to damage repeatedly; break repeatedly	1) to damage accidentally 2) to be able to damage	2) to cause damage	2) to please tear or break			to damage (as of objects, etc.) (a)	to say derogatory remarks against another (idiomatic)
115. sukláy comb		to comb one's hair (b)	2) to be able to comb	2) to be able to comb	to please allow to comb	to have someone do the combing	to use for combing	to comb the hair (a)	to comb the hair of someone
116. súlat letter	to write (b)	(magsulát) to write continually	2) to be able to write	2) to be able to write	to please write	to let someone write	(1) to use as subject or instrument for writing (a) (2) to write for someone	to write (a)	to write to or on
117. súnog fire	to burn (b)	to burn (b)	2) to be burnt		to please burn			to burn (a)	
118. tákot fear			2) to be afraid	2) to cause fear				to frighten	With KA- to cause fear

VERB ROOTS	UM- (indefinite)	MAG- (indefinite)	MA- 1. accented 2. unaccented	MAKA- (indefinite) 1. accented 2. unaccented	(1) MAKI- (indefinite) (2) PAKI- (definite)	(1) MAGPA- (indefinite) (2) PA-IN (definite)	I- (definite)	-I? or -HIN (definite)	AN or -HAN (definite)
119. *talón* jump	to jump (a)		2) to be able to jump over or a distance	2) to be able to jump	to please jump	to make someone jump		to jump (b)	to jump over or cross something
120. *tayô* stand	to stand	to put up or build		2) to be able to stand	2) to please put up or build	to have a thing or some-one stand	to have something put up or built		to stand on something
121. *táwa* laugh	to laugh	to laugh long and heartily	1) to laugh involuntarily	2) to be able to laugh	1) to laugh with	to cause laughter	to be the cause of laughter		(*tawánan*) to laugh at
122. *tindá* sell		to sell (b)		2) to be able to sell	2) to please sell	2) to have someone sell	to use for selling like goods (b)		to sell to
123. *tingín* look	to look at (b)								(*tignán*) to look at (a)
124. *tugtóg* to play a musical instrument	to play (a)		2) to be able to play	1) to play w/o previous intention	to please play			to play a piece (a)	to play to (a)
125. *túlog* sleep		(*magtulóg*) to sleep frequently	1) to sleep unintentionally 2) to sleep	1) to sleep without previous intention 2) to be able to sleep					to use as place for sleeping
126. *túlong* help	to help (b)	to help one another	MA-AN 2) to be able to help	*maká-* 1) to help unexpectedly 2) to be able to help	to please help	to have some-one help another			to help some-one (a)

VERB ROOTS	UM- (indefinite)	MAG- (indefinite)	MA- 1. accented 2. unaccented	MAKA- accented unaccented (indefinite)	MAKI- (1) indefinite (2) PAKI- (definite)	MAGPA- (1) indefinite (2) PA-IN (definite)	I- (definite)	-IN or -HIN (definite)	-AN or -HAN (definite)
127. *turò* teach		to teach (a)	*MAI-* to teach something	(with *MAKAPAG-*) to be able to teach	*PAKI-AN* to please teach something to another	1) to let someone teach	1) to teach something 2) to point or direct	*PAG-IN* to have someone teach another	to teach someone (a)
128. *ubó* cough	to cough (b)			2) to be able to cough		to cause coughing		to cough (a)	to cough into (a)
129. *ulán* rain	to rain		*MA-AN* to be rained on			to cause artificial rain		to rain on	
130. *úpa* rent	to rent (b)		*MA-HAN* to be able to rent	2) to be able to rent		to have someone rent	to pay rent for another		to rent
131. *útang* debt (of money) See *hirám*	to borrow money (a)	(*mag-utáng*) to borrow frequently	1) to borrow unexpectedly 2) to be able to borrow	1) to borrow unexpectedly 2) to be able to borrow	to please lend money	to lend money	to borrow for someone	to borrow an amount (a)	to borrow from
132. *útos* command or order	to command to order	to command to order (b)			to please order	1) to send order or command	to cause something to be ordered		to order or command someone (a)
133. *úlit* repetition	to repeat (b)	to repeat (b)	1) to repeat w/o intention 2) to be able to repeat	2) to be able to repeat	2) to please repeat	to have someone repeat 2) (with *IPA-*)		to repeat (a)	
134. *úsap* talk		(with -AN) to talk with one another (b)		*máka-* 1) to talk with another unexpectedly (Indefinite)	to talk with to plead or request 2) *PAKI-AN*		to use as a subject for talk	(with *KA-*) to talk with another (a)	
135. *uwî* arrival at home	to go home	to bring home something (a)	1) to come home unexpectedly	2) to be able to go home	2) to please bring home something	1) to have someone take something home 2) to send home	to take someone or something home		to bring home something to (a)

SENTENCE PATTERNS *

abót — to reach for

Umabót siya ng báso.	He reached for the glass.
Maáabot mo ba ang aking sala-mín?	Can you reach for my glasses?
Nakaáabot siya ng kísame, sapagka't siyá ay mataás.	He can reach for the ceiling because he is tall.
Pakiabót ninyó ang aklát.	Please reach for the book.
Makíabot kayo ng aklát.	Please reach for the book.
Pinaabót ko siya ng isang aklát.	I caused him to reach for a book.
Inabót niyá ang báso.	He reached for the glass.
Iabót mo si Juan ng aklát.	Reach the book for John.

abót — hand over

Mag-abót ka ng báso sa akin.	Hand over a glass to me.
Makiabót kayó sa akin ng báso.	Please hand over to me a glass.
Pakiabót mo sa akin ang ginawá mo.	Please hand over to me what you did.
Pakiabután mo ako ng isang lapis.	Please hand over to me a pencil.
Abután mo ang maliít na bata ng isang kendi.	Hand over to the small child a piece of candy.
Inabót ko sa kanyá ang gamót.	I handed over the medicine to him.

abot — overtake

Umábot ka ba sa kanyá?	Did you overtake him?
Nag-ábot silá sa paléngké.	They overtook (met) each other in the market.
Kung áalis ka na, máaabútan mo ba siyá?	If you leave now, will you be able to overtake him?
Si Juan ay laging nakaabot sa iba sapagka't siya ay may bágong awto.	Juan always overtakes others because he has a new car.
Magpaábot ka sa akin at nang tayo'y magkáusap.	Let me overtake you so we can talk together.
Huwág mong paabútan ako sa kanyá.	Don't let him overtake me.
Inabútan mo ba ang inyong kapatid sa mahábang daán?	Did you overtake your brother on the highway?

álaala — remember

Náalaala niya ang aking sinábi.	He remembers what I said.
Si Jesus ay laging nakáalaala.	Jesus always remembers.
Makáalaála ba kayo nang mabuti?	Can you remember well?
Pakiálaala ninyo ang inyong leksiyón.	Please remember your lesson.
Alaláhanin ninyo ang inyong mga leksiyón.	Remember your lessons.

---

* *These sentences were prepared by Rev. John C. Hausman, an advanced student of Tagalog.*

álaala — worry; concern

Ano ang ináalaala mo?	What are you worrying about?
Bakit ka 'nag-áalaala?	Why are you worrying?

alís — go leave

Bákit ka ba umalís?	Why did you go?
Hindî ako makaalís nang maága.	I could not leave early.
Magpaalís kayo ng mga bata riyán.	Tell the children to leave that place.

alís — remove from

Nag-alís siya ng maruming damít.	He removed his dirty clothes.
Maaalísan ni Jesus ng kasalánan ang lahát.	Jesus can remove our sins.
Si Jesus lamang ang makapag-aaalís ng ating kasalánan.	Only Jesus can remove our sins.
Pakialisán mo ng dumí ang mesa.	Please remove the dirt from the table.
Pináalisán niya ng sapatos ang bata.	He let the shoes of the child be removed.
Inalisán niya ng bálot ang aklát.	He removed the cover of the book.
Aalisin Niyá ang lahát ng inyóng kasalánan.	He will take away (remove) your sins.

amóy — smell

Paano kayo umáamoy?	How do you smell?
Nakáamoy ako ng usok.	I smelled smoke.
Nakáamoy siya nang mabuti.	He can smell well.
Pakiamóy mo ang dalandáng ito.	Please smell this orange.
Nagpáamoy siya sa akin ng dalandán.	He made me smell the orange.
Iamóy mo siya ng pabangó.	Smell the perfume for him.
Paamuyín mo ng eter ang maysakít.	Let the sick smell ether.
Bákit mo inamóy ang dalandán?	Why did you smell the orange?

alagà — care

Siya ang nag-áalagà sa aking mga anak.	She is the one who takes care of my children.
Ako'y nakapag-áalagà ng ibang batà.	I can take care of other children.
Pakialagáan ninyó ang aking áso.	Please take care of my dog.
Magpaalaga ka sa kanya ng áso.	Request him to take care of the dog.
Alagaan mo ang aking aso.	Take care of my dog.

hintay) — wait
antay)

Maghintáy ka sa akin.	You wait for me.
Mahihintay mo ba ang manggagamót?	Can you wait for the doctor?
Makihintáy kayo hanggáng bukas.	Please wait until tomorrow.
Pakihintáy mo akó bukas.	Please wait for me tomorrow.
Makapaghihintay ka ba hanggáng dumating ang manggagamót?	Can you wait until the doctor comes?
Paghintayin mo ang aking panauhin.	Make my visitor wait.
Paghintayín mo sila sa akin.	Let them wait for me.
Híhintayin kita.	I will wait for you.
Hinintayán niya ako ng álaala.	He waited for a gift from me.

anyáya — invitation

Mag-anyáya ka sa kanilá.	You invite them.
Si Jesus ay nag-áanyaya sa inyo ngayon.	Jesus is inviting you now.
Bakit siya náanyayáhan ngayón?	Why is he invited now?
Hindi akó nakapag-anyáya ng mga kaibigan.	I was not able to invite friends.
Pakíanyayahan mo ang aking mga kaibigan.	Please invite my friends.
Makíanyaya ka sa aking nga kaibigan.	Please invite my friends.
Inanyayáhan mo ba si Juan sa salu-salo?	Did you invite Juan to the party?

áral — study

Nag-áaral siya sapagka't ibig niyang mátuto.	He is studying because he wants to learn.
Nakapag-áral siya kahápon.	He was able to study yesterday.
Nagpápaáral siya ng mga batang mahihírap.	She supports the study of poor children.
Ano ang pinag-áaralán mo?	What are you studying?

awà — pity

Naaáwà ako sa taong mahihírap.	I pity poor people.
Nagpápaawà ang mga pulúbi.	The beggars like to be pitied.
Kinaáwaán ni Jesus ang bulág.	Jesus pitied the blind.

áway — quarrel; fight

Sila'y nag-áaway.	They are quarreling.
Hindi niya maáway ang malaking laláki.	He could not fight with the big man.
Si Juan ay nakikipag-away kay Tomas.	John is quarreling with Thomas.
Huwág mong awáyin ang iyong kapitbahay.	Do not fight with your neighbors.

áyaw — decline; dislike

Umayáw ako sa pagkáin.	I declined the food.
Inayawán ko ang pagkáin.	I declined the food.

ayos — order; arrangement

Si Juan, ang katúlong, ay nag-áyos ng mesa.	John, the helper, set the table.
Naáyos niya ang mesa bago dumating ang mga bisíta.	He was able to arrange the table before the visitors came.
Nakaáyos na siya ng mesa nang dumating akó.	He had arranged the table when I arrived.
Pakiáyos mo nga ang silid.	Please arrange the room.
Magpaáyos ka ng silid sa katúlong.	Tell the helper to arrange the room.
Ayúsin mo ang mesa.	Set the table.
Ayúsan mo ng mga aklát ang mesa.	Arrange the books on the table.

bágo — change

Nagbago ang panahon.	The weather changed.
Mababago mo ba ang iyong paraan ng buhay?	Can you change your way of life?
Ang panalángin ay makabábago ng iyong ugali.	Prayers can change your customs.
Pakibágo mo nga ang góma para sa akin.	Please change the tire for me.
Pinabágo niya ang góma sa tsupér.	He made the driver change the tire.
Ibinágo ko ng lugar ang aklát.	I change the place of the book.
Binagúhan niya ng takíp ang aklát.	He changed the cover of the book.
Binágo niya ang góma.	He changed the tire.

bálak — plan; purpose

Nagbálak siyang pumuntá sa Baguio.	He planned to go to Baguio.
Nabálak niyang mabuti ang salu-salo.	He was able to plan the party well.
Makabábalak ba siya ng isang salu-salo?	Can she plan a party?
Pakibálak mong isama si Pedro sa salu-salo.	Please plan to include Pedro in the party.
Pinabálak ko si Maria ng tanghalian.	I asked Maria to plan a luncheon.
Huwág mo silang pagbalákan ng masamá.	Do not plan anything bad against them.

balík — return

Bumalik kang maága.	Return early.
Magbábalik ako búkas.	I shall return tomorrow.
Nápabalik akó nang maága.	I unintentionally returned early.
Makabábalik ba kayo búkas?	Can you return tomorrow?
Pinabalík ko ang aklát sa kanyá.	I asked him to return the book to him.
Ibalík mo ang aklát ko sa lálong madaling panahón.	Return to me my book at the earliest time possible.
Binalikán ng iná ang kanyang anák.	The mother returned to her child.

bati

i	*Ibatì mo ako kay Maria.*	Greet Mary for me.
in	*Batìin mo si Maria.*	Greet Mary.
paki	*Pakibatì mo si Maria.*	Please greet Mary.
maka	*Makababati ka sa kanyá.*	You can greet him.
ma	*Mababatì mo si Maria.*	You can greet Mary.
mag	*Nagbatì sila sa daan.*	They greet each other on the road.
um	*Sino ang bumabatì sa amin?*	Who is greeting us?

báyad

an	*Binayáran niya ang isdá.*	He paid for the fish.
ipag	*Ipagbayad mo ako sa jeep.*	Pay the jeep for me.
pa-an	*Pinabayaran niya sa akin ang isdá.*	He made me pay for the fish.
paki-an	*Pakibayaran mo ang isdá.*	Please pay for the fish.
maka	*Makababáyad ka na ba?*	Can you pay now?
mag	*Kailan kayo magbábayad?*	When will you pay?

181

bigáy

i	Ibigáy mo sa akin ang aklát.	Give me the book.
an	Bigyan mo akó ng aklát.	Give me a book.
pa-an	Pinabíbigyan ko kayo sa kanya ng aklát.	I am requesting him to give you a book.
paki-an	Pakibigyán mo ako ng aklát.	Please give me a book.
maka	Makabibigay ka ba ng marami?	Can you give plenty?

bílang

in	Bilángin mo ang iyong pera.	Count your money.
i	Ibilang mo ng pera si Juan.	Count the money for John.
magpa	Nagpabílang ako sa kanyá ng pera.	I had him count the money.
maka	Nakabíbilang siya nang mabúti.	He can count well.
ma	Gaano karami ang mabibilang mo?	How many can you count?
um	Gusto bang bumilang ng mga batà?	Do children like to count?

bilí

um	Bumilí siya ng isdâ sa palengke.	She bought fish at the market.
maka	Nakabilí siya ng isdâ ngayon.	She bought fish today.
i	Ibili mo akó ng isdâ.	Buy some fish for me.
in	Bilhín mo ang isdâ para sa akin.	Buy the fish for me.
an	Bilhán mo ako ng isdâ.	Buy fish from me.
pa-in	Pabilhín mo siyá ng isdâ.	Ask him to buy fish.
paki	Pakibilí mo ang isdâ.	Please buy the fish.
ma	Ito ang nábili niyá.	He was able to buy this.
na	Nabilí niyá ang aklát.	He bought the book.
mag	Nagbíbilí siya ng manggá.	She sells mangoes.
ipag	Anó ang ipinagbíbili mo?	What are you selling?
makapag	Nakápagbilí ba kayo ng marami?	Could you sell many?
maipag	Náipagbilí ko ang binilí ko.	I could sell what I bought.

birò

in	Biniró niya ang maliít na batà.	He teased the little child.
mag	Nagbiruán sila kahapon.	They teased each other yesterday.
paki	Huwág mong pakibirò ang batà.	Please don't tease the child.
maka	Nakabíbirò siya ng matandâ.	He can joke the old.
ma	Nabirò niya ang kanyang asawa.	He was able to tease his wife.

bukás

an	Buksán mo ang pintô.	Open the door.
i	Ibukás mo ang pintô.	Have the door opened.
pa-an	Pabuksán mo kay Juan ang pinto.	Have John open the door.
magpa	Ako'y nagpabukás sa kanya ng pinto.	I had him open the door.
paki-an	Pakibuksán mo ang pinto.	Please open the door.
maka	Nakapagbúbukas ba siya ng pintô?	Can he open the door?
ma-an	Nabubuksán mo ang pinto.	You can open the door.
mag	Sino ang nagbúbukás ng pintô?	Who is opening the door?

búhay

in	Binúhay ako ni Jesus.	Jesus gave life to me.
in	Binubúhay ako ni Jesus.	Jesus gives life to me.
paki	Pakibúhay mo ang aking anak.	Please revive my child.
maka	Si Jesus lamang ang makabúbuhay.	Only Jesus can give life.
um	Bumúbuhay si Jesus ng mga patay.	Jesus gives life to the dead.

kagát

in	Kinagát ng ahas si Juan.	The snake bit John.
an	Kinagatán ko ang saging.	I bit from the banana.
i	Ikinagát ako ng dalandán.	The orange was bitten for me.
nagpa	Nagpakagát ako sa kanya ng dalandán.	I let him bite the orange.
pa-in	Pinakagát ko siya ng dalandán.	I let him bite the orange.
maka	Nakakakagát ang aso.	Dogs can bite.
maka	Nakákagat ang aso sa kanya.	The dog bit him accidentally.
ma	Ano ang makakagát ng sanggól?	What can a baby bite?
um	Gustong kumagát ng mga batà.	Children like to bite.

káin

in	Kinain niya ang ibon.	He ate the bird.
an	Kinanan niya ng ibon ang kusina.	He ate the bird in the kitchen.
i	Dapat mong ikáin ang i yong sarili.	You must eat for yourself.
i	Ikináin ko siya.	I ate for her.
pa-in	Pakánin mo ang batà.	Feed the child.
nagpa	Nagpakain ako sa kanya ng ibon.	I fed him a bird.
paki	Pakikain na sa inyo.	Let me share your food please.
maka	Siya'y makákakáin ng isdá.	She can eat fish.
naka	Nakakakain na ako.	I have eaten.
ma	Ito ang hindì ko makákain.	I cannot eat this.
na	Nakain niya ang butiki.	He was able to eat the lizard.

kamáy

an	Kinamayan ko si Juan.	I shook John's hand.
i	Ikamáy mo ako kay Juan.	Shake John's hand for me.
paki-an	Pakíkamayán mo si Juan.	Please shake John's hand.
naka	Nakákamay ako kay Juan.	I was able to shake John's hand.
nag	Nagkamáy sila.	They shook hands.
um	Kumamáy ako kay Juan.	I shook John's hand.

READING MATERIALS
IN BASIC

ANG MAYNILA

Ang Maynilà ay púnong-lunsód ng Pilipínas. Napakaráming tao rito. Ang mga taga-lalawígan ay dito rin nakatirá. Dito ay maráming pagkáin nguni't mahál na lahát. Ang mga tindahan at paléngke ay malalakí. Marámi ring páaralán dito. Ang University of Santo Tomas ang pinakámatandâ sa lahát ng páaralán dito. Ang University of the Philippines ay isa sa pinakámalakíng unibersidad sa Silangan.

Ang mga báyan ng Tundó at Sampálok sa Maynilà ay mabáhay at matáo. Ang mga tao rito ay marami kaysa Ermíta at Maláte. Ang mga bahay sa Ermíta ay malalakí at magagandá. Masayá ang búhay sa Maynilà. Maráming sine at mga káinan. Mabúti ang búhay sa Maynilà para sa mayayáman.

Tumútulong ang pámahalaán sa mahihírap. Sila ay biníbigyán ng mga gamót na waláng báyad at ginágamot rin sa mga ospitál. Ang mga batà ay ginágamot din sa mga "Health Center."

Maráming táong waláng trabáho sa Maynilà. Sila ay áyaw magtaním. Gustó nilá sa lunsód, áyaw silá sa lalawígan.

ANG MGA BARYO

Maraming báryo sa lalawígan at doon nákikita ang mga túnay na Pilipino. Ang isang báryo ay may mga dalawáng daang bahay. Ang mga báhay ay malápit sa búkid. Maráming taním na gúlay at mga búngang-kahoy sa búkid at sa mga bakúran ng mga báhay. May mga manók din silá at isa o dalawáng kalabáw. Ang kalabáw ay ginágamit sa pagtatatím ng pálay.

Tahímik ang búhay sa búkid at ang pagkáin ay múra at marámi rin. Ang mga tao ay masípag at mabúting kápitbáhay. Sila ay maágang matúlog at maágang gumísing. Ang mga batà ay mababaít at masúnurin. Sila ay tumútúlong sa pagtatatím sa búkid at sa pag-aáni ng pálay. Ang iba ay nag-áalaga ng mga báboy at manók. Masayá ang mga lalawígan kung Abril at Mayo. Ang lahát ng mga nag-áaral sa Maynila ay umúuwî para magbakasyón. Maraming mga pistá at káinan.

SULAT NG ISANG KAIBIGAN

Tinanggáp ko ang isáng súlat kahápon. Ito'y gáling sa áking kaibígan sa Estados Unídos. Sinábi niyá na siya raw ay mabúti at malusóg. Nagtúturò raw siyá sa isáng unibersidád sa aming báyan. Tinátanóng niyá kung kamí ay masayá rito sa Pilipinas. Íbig niyáng málaman kung ang áking asáwa at mga anák ay maluluśog din. Tinátanóng din niya kung nagáaral na ang áming mga anák sa Maynilà. Maráming-marámi siyáng balità para sa ákin tungkól sa mga kaibígan ko sa áming báyan.

Siya ay sásagutin ko búkas. Sásabíhin ko sa kanyá na kamí ay mabúti namán dito sa Pilipínas. Sásabíhin ko sa kanyá na ang áking asáwa ay nagtúturò sa American School, at ang áming mga anák ay nag-áaral din doón. Bábatíin ko siya ng "Maligayang Batì" dáhil sa kaarawán niya sa Linggó. Magbíbigay akó sa kanyá ng masasayáng balità. Sásabíhin ko rin ang pag-áaral ko ng Tagálog, ang Wíkang Pambansá ng Pilipínas.

Maráhil ay gustó niyang mákita ang Maynilà. Magpápadalá akó sa kanyá ng mga laráwan ng Post Office at ng Manila Sunset.

Ihúhulog ko ang aking súlat sa Post Office ngayón. Ito ay ipadádalá ko sa Air Mail. Tátanggapín niyá ito pagkatápos ng ápat na áraw. Maráhil siyá ay sásagot sa ákin kaagád.

SI DR. JOSE RIZAL

Si José Rizál ay dakílang bayáni ng Pilipínas. Siya ay ipínanganák sa Calámba, Lagúna, noong Hunyo 19, 1861. Nagáral siya sa Ateneo de Manila, ang páaralan ng mga Heswíta (Jesuits). Napakarúnong si Rizal at lagì siyang pinakamataás sa kanyáng kláse. Nag-áral din siya sa Unibersidad ng Santo Tomas.

Nagpuntá siyá sa España, at sa Madrid ay nagpatúloy siya ng pag-aáral. Natápos niyá ang "Doctor of Philosophy and Letters," at "Doctor of Medicine" noong 1885. Marúnong siyáng magsalita ng 22 wikà ng ibá't ibang bansá, gaya ng Tagálog, Iłocáno, Visáyan, Subáno, Spanish, Latin, Greek, French, German, English, Arabic, Malayan, Sanskrit, Hebrew, Swedish, Dutch, Catalan, Italian, Chinese, Portuguese, Japanese at Russian.

Ang kanyáng pinakamahúsay na sinúlat ay ang "Noli Me Tangere" at ang "Filibusterismo,"dalawáng aklát na nagsásabi ng masamáng pámahalaan ng mga Kastilá at ng mga páring Kastilá díto sa Pilipínas.

Dáhil sa dalawáng aklát na itó, si Rizal ay naging kagalít ng mga Prayle (friars) at siya ay binaril sa Luneta noong Disyembre 30, 1896.

ANG MAG-ANAK

Si Mang Berto at si Aling Nena ay mag-asawa. Sila ay may dalawang anak, sina Manuel at Rosa. Sila ay mag-anak na Pilipino. Masayá at tahímik ang kanilang buhay.

Si Mang Berto ay magsasaká. Siya ay nagtataním ng pálay sa búkid. Si Aling Nena ay tindera. May maliit na tindáhan siya. Si Rosa at si Manuel ay nag-aaral sa mababang paaralan. Si Rosa ay nasa ikatlóng baitang at si Manuel ay nasa ikalimáng baitang. Sila ay mabubuting bata. Tumutulong si Rosa sa kanyang ina. Tumutulong si Manuel sa kanyang ama. Sila ay masisipag.

Ang mag-anak nina Mang Berto ay kumakain sa kanilang silid-kainán. Ito ay may isang mesa at apat na silya. Si Mang Berto ay nakaupô sa tapat ni Aling Nena. Sina Rosa at Manuel ay magkatapat din. Si Aling Nena ang nagluto ng kanilang pagkain. Si Rosa ang nag-ayos ng mesa. Naghugas silang lahat ng kamay bago kumain. Nagpasalamat sila sa Diyos bago kumain. Ito ang kanilang dinasál:

"Salamat po sa iyo Diyos namin sa pagkaing itong ibinigay Mo". Pagkatapos ng dasal sila ay kumain na. Masarap ang kanilang pagkain. Masaya sila sa mesa.

PAG-AALAGA SA MAYSAKIT

Sina Manuel at Rosa ang nag-aalagà sa kaniláng Nanay na maysakít. Ang Tatay nila ay nasa bukid at nagtataním. Binuhat ni Manuel sa tabí ng hígaan ni Aling Nena ang isang mesang maliit. Inilagáy niya rito ang gamot na bigáy ng doktór, isang bote ng tubig, at isang báso. Kumuha si Rosa ng bulaklák sa kanilang halamánan at inilagáy niya sa isang basong may tubig. Inilagáy niya ito sa ibábaw ng mesa. Maáyos ang silid ng maysakit. Malinis ang mga únan at kúmot. Bukás ang mga bintanà para pumasok ang sariwang hangin. Sinusúlat ni Manuel kung anong oras uminóm ng gamót ang maysakít. Ito ay ipakikita niya sa doktor. Pinaiinóm niya ng katás ng dalandán ang kanyáng Ina. Sina Manuel at Rosa ay marunong mag-alagà sa maysakít.

ANG HUWÁRANG BAKÚRAN
(THE MODEL YARD)

Ang Samahan ng mga Babae sa baryo ng Santa Maria ay may páligsahan (contest). Pipili sila ng pinakamalínis at pinakamaáyos na bakuran sa buong baryo. Gusto nilang maging malinis at huwaran ang kanilang nayon.

Ang mga tao ay naglinis na mabuti ng kanilang mga bakuran. Gusto nilang manálo. Gusto nilang tumanggap ng gantimpalà sa pinakamalinis na bakuran. Sa Sabado, lalakad ang sampung babae para tignán kung kaninong bakuran ang pinakamalinis at maayos na maayos. Ang gantimpalà ay isang sáko ng bigas. (*a sack of rice*)

Ang mga ito ang batayán (*basis*) nila sa pagpili ng pinakamalinis at huwarang bakuran:

1. Kailangang may mga punung-kahoy at halaman.

2. Kailangang maayos ang mga punung-kahoy at halaman.

3. Kailangang may mga tanim na gulay rin.

4. Kailangang ito'y pinakamalinis sa lahat.

5. Kailangang may kulungán ng mga hayop at manok.

ANG BAKURAN NINA MANG HUSE

Masayang-masaya ang mag-anak nina Mang Huse. Sila ang nanalo sa pinakamalinis at pinakamaayos na bakuran. Tumanggap sila ng isang sáko ng bigás. Ang bakuran nina Mang Huse ay huwarang bakuran ng baryo ng Santa Maria. Ito ang pinakamalinis at pinakamaayos.

"Maligayang batì!" ang sabi ng kanilang mga kapitbahay at mga kaibigan. Masayang-masaya silang lahat. Ang kanilang mga kaibigan ay masasaya rin. Sina Mang Huse ay masisipag kayâ sila nanalo.

Kailangan tayong maging masipag para magkaroon ng isang malinis at maayos na bahay at bakuran.

ANG AMING BAKASYON SA BAGUIO *

Wala ako noong nakaraang Lunes sapagka't kami'y nasa Baguio. Umalis kami sa Maynila noong ikaapat ng Oktubre at bumalik kami noong ikalabinlima. Ang aking kasama ay ang maybahay ko.

Sumakay kami sa BAL bus nang tanghali nang ikaapat ng Oktubre pagkatapos na ihatid kami ni Misionero Kretzmann sa Bus Station sa Maynila. Bago umalis ang bus, ipinakilala ni Misionero Kretzmann sa amin ang isang lalaki na paparoon din naman sa Baguio. Ang kanyang pangalan ay Dr. Smith. Dumating si Dr. Smith sa Pilipinas maraming taon na ang nakalipas. Sa daan patungong Baguio, nag-usap kaming dalawa tungkol sa maraming bagay.

Sa daan patungong Baguio nakita namin ang malaking kabukiran na tanim na ang palay. Tumigil ang bus sa Carmen, sa lalawigan ng Pangasinan at doon uminom kami ng Pepsi.

Dumating kami sa Baguio mga alas sinko medya. Nakita namin si Misionero Nau na pumaroon sa Plaza upang dalhin kami sa kanilang bahay. Kumain kami ng hapunan sa bahay nina Nau. Pagkatapos ng hapunan dinala kami nina Nau sa aming bahay-bakasyunan.

Ang aming bahay-bakasyunan ay malapit sa Wright Park at Pacdal Elementary School, mga tatlong kilometro mula sa City Hall ng Baguio. Ang bahay na iyon ay may dalawang bahagi. Sa isang bahagi, nakatira ngayon sina Becker na ikinasal sa aming kapilya sa Pasay City noong nakaraang Hulyo. Lilipat sila sa Guinzadan, sandaan at labingwalong kilometro sa Baguio, pagkatapos, itatayo na ang kanilang bahay doon.

Sa Baguio, katulad sa Pasay City, lumalakad ako tuwing umaga bago mag-almusal. Minsan-minsan lumalakad ako sa Mines' View Park, mga dalawang kilometro. Ang Mines' View Park ay nasa ibabaw ng mataas na bundok. Mula sa bundok na iyon nakakita ako ng malaking libis at sa kabila, nakakita ako ng mga bundok sa malayo. Nang makita ko ang mga bundok, ang kalangitan at ang mga ulap, inulit ko ang mga salita ng ika-labinsiyam na Awit sa Banal na Kasulatan:

"Ang Kalangitan ay nagpapahayag ng kaluwalhatian ng Diyos;
At ipinakikilala ng kalawakan ang gawa ng kanyang kamay.
Sa araw-araw ay nagbabadya ng pananalita,
At sa gabi-gabi ay nagpapakilala ng kaalaman.
Walang pananalita o wika man;
Ang kanilang tinig ay hindi marinig."

Isang araw dumalaw kami kina Ginoong at Ginang **Kalodski** na nag-aalaga ng bahay-bakasyunan ng American Embassy.

---

* Written by Rev. Rudolph Prange, after six months of regular study. Corrections made on spelling.

Sa kanilang bahay nakita namin ang ilang malaking baboy at isang unggoy. Nakilala namin si Kalodsik nang nakatira sila sa Pasay City ilang taon na ang nakalipas.

Sa aming bakasyon, ginawa namin ang iba't ibang bagay: sinulat namin ang mga liham, minsan-minsan, naglalaro kami. Isang gabi, pumasok kami sa sine. Nanood kami ng "Hansel and Gretel" na tungkol sa mga tau-tauhan. Nang Linggo, dumalo kami sa pagsamba sa La Trinidad at narinig namin ang pangangaral ni Misionero Nau.

Umasa kaming makakuha ng maraming larawan sa Baguio, datapuwat hindi mabuti ang aming kamera. Maganda ang panahon samantalang kami ay nasa Baguio. Minsan-minsan umuulan, datapuwa't malimit sumikat ang araw.

Nagagalak akong bumalik na upang makapagaral muli ng wikang Tagalog.

SERMON PARA SA ARAW NG TATLONG HARI *

Ngayón ang buong daigdíg na Kristiyano ay nagdíriwang sa pistá ng Tatlóng Harí. Sinásabi sa Ebanghélyo ng misa ngayón ang kaniláng kasaysáyan. Sila'y tinátawag ni San Mateo na "Mago," o marurúnong na tao, at itó'y totoó! Ang tatlóng harí ay nápakarúrunong sapagká't silá'y may isang malakíng pananámpalatáya. Ang pananámpalatáya nilá ay nakapagtúturó sa atin ng makabuluháng-áral.

Sila'y nagbatá ng mga malakíng kahirápan subali't silá'y di nawalán ng pag-ása.

Noóng úna, kailangang gumawâ sila ng mahába't mapangánib na paglalakbáy. Sa Herusalem, ang bituín ng Dakílang Harì ay naglahò. At doón, sa púnong lunsód ng mga Hudio, nákita nilá ang himalâ lámang nang itanóng nilá ang bágong Anak na Harì ng mga Hudio. At pagkatapos, nákita nila ang isáng Dakilang Harí, ang mahírap at mahinang sanggól na nasa loób ng mahírap na bahay, kasama ng mga mahírap na magúlang. Gayon man, sila'y pumasok sa bahay na ito at sinambá nilá ang sanggól at sila'y nagbigay ng mga mahál na handóg.

Totoó ngâ! Ang pananámpalatáya ng tatlóng harì ay nápakalakí.

Sa búhay natin, lahát tayo ay nárarapat magbatá ng maráming kahirápan. Dapat tayong magtiís ng nápakaraming bagay at maaaring tayo'y mag-isíp na ang Diyós ay nakalílimot sa atin.

---

* Written by Rev. Father Charles Scanlon, SVD, after four months of intensive study of Tagalog. Slight corrections made.

Kailán ma'y hindî! Kailangang sumámpalataya táyo! Dapat na ang pananámpalatáya natin ay maging kawángis ng pananámpalatáya ng tatlóng harì.

Kung tayo'y ganitó, tulad ng tatlóng harì, ang Diyos ay gáganti sa atin ng ganitó rin. Nagbigáy ang Diyos sa tatlóng harì ng ginháwang pinakámalakí. Sinabi ni San Mateo: "Nang mákita nilá ang talà ay nagalák silá nang lábis." Kaya't láging mákikita rin natin si Jesus at si Maria sa kaniláng táhanan sa lángit.

SA HARAP NG TEMPLO *

Nang si Jesus ay apatnapúng araw na, dinala nina Maria at Joseph Siya sa Jerusalem. Alinsúnod sa batás ni Moises iháharap nila Siya sa Panginoon. Nang sila'y nagháin ng handóg na hiníhingî ng batas ng mahírap—dalawáng batubato o dalawáng inakáy na kalapáti, ipinasok sa templo ng Espiritu Santo ang isang lalaki na ang pangalan ay Simeon.

Si Simeon ay nakatirá sa Jerusalem. Siya ay isang matandâ, banál, at may takot sa Diyos, na sa buong mahábang buhay niya ay nagdasál at naghintáy ng Tagapagligtas. At ipinahayág sa kanya ng Espiritu Santo na di niya mákikita ang kamatayan hanggang sa mákita muna niya ang Panginoon.

Nang dinala ni Maria ang Sanggól na si Jesus, kinálong ni Simeon ang Sanggol at siya'y nagpuri sa Diyos na sinabi:

"Ngayó'y pápanawin mo, Panginoón, ang Iyóng alípin, sa Kapayapaán, áyon sa Iyóng salitâ, sapagká't nákita ng aking mga matá ang Iyóng pagligtás na itinalagá Mo sa haráp ng lahát ng bansá. Isáng liwanag upang ipahayág sa mga Gentil at sa Iyóng Bayang Israél."

Noong humaráp si Simeon kay Maria at Joseph at binasbasán niya siláng dalawá at sinabi kay Maria na ina Niya:

"Tignán mo, ito ay nátatalagá sa ikapápahamak at sa ikapápagaling ng marámi sa Israel. Siyá'y magíging isang tandâ na sásalansangín; at patí ang iyóng pusò ay paglálagusán ng isáng tabák upang máhayag ang mga pag-iísip na nátatagò sa maráming pusò."

Mayroón pati sa témplo ng isáng propetísa na ang pangalan ay Ana. Siyá'y bálo nang walumpú't apat na taón, at siya ay nakatirá sa templo araw at gabi, nagdárasál at di-kumakáin. Siya ay dumatíng ng oras na iyón at nagpúri sa Panginoón at isinaysáy niya Siya sa lahát nang nag-aantay ng pagtubos sa Israel.

---

* Written by Rev. Father Gilbert Gawlik, SVD, after four months of intensive study of Tagalog. Slight corrections made.

ANG MILAGRO SA CANA *

Gumawa ang ating Panginoong Diyos na si Hesukristo ng unang milagro sa kanyang buhay publiko sa Cana sa Galilea. Ang Cana ay maliit na bayang malapit sa Nazareth. Doon ginawa ni Hesus na alak ang tubig. Naroon si Maria, ang kanyang Ina na nag-iisa sa Nazareth. Siguro, kaibigan siya o kamag-anak ng may bahay kaya gusto niyang dumamay sa paghahanda ng kasal.

Dumating si Hesus at ang kanyang mga kasama sa Kapharnaeum. Nagkaroon daw ng kakulangan sa alak dahil sa hindi inaasahang mga kasama ni Hesus. Kung totoo ito, ay hindi natin alam.

Pagkatapos inumin ng mga bisita ang halos lahat ng alak ang sabi ni Maria kay Hesus, ang kanyang Anak, "Wala na silang alak."

Nagturo si Hesus sa mga alila na punuin ng tubig ang mga tapayang nasa pinto ng bahay. Ang mga tapayan ay pirming may tubig at nasa loob ng bawa't bahay. Lahat ng biyahero ay nililinis ang kanilang kamay at paa kung pumapasok sila sa bahay. Nakatayo sa loob ng bahay sa Cana ang anim na tapayan ng tubig.

Tinikman ng mayordomo ang laman nito pagkatapos magdasal si Hesus. Ito ay malinamnam na alak!

ANG MGA KASALANAN *

Kung ang nagpapabanal na grasya ay siyang buhay ng káluluwa, ang mga kasalanan na nagaalis ng grasya ang siyang kamatayan nito.

Ang layon ng lahat ng sakramento ay ang ingatan ang búhay ng grasya na nasa kaluluwa. Nagbibigay ang mga sakramento ng mga buháy ng buháy sa kaluluwa, ibinabalik ng mga sakramento ng mga patáy ang buhay ng kaluluwa.

May dalawang klase ng kamatayan sa kaluluwa: ang kamatayan na galing sa unang kasalanan ni Adan, kasalanang orihinal, at ang kamatayang galing sa mga kasalanang gawa natin. Ginawa ni Hesukristo ang sakramento ng binyag upang magbigay ng búhay sa mga kálulwang walang búhay dahil sa kasalanan ni Adan: ginawa rin Niya ang sakramento ng Kumpísal upang magbigay ng búhay sa mga patáy na kálulwa dahil sa kanilang mga kasalanan.

Ang kasalanan ay ang sadyang paglabág sa utos ng Diyos, ang kilos at loobin ng tao na ginagawa laban sa loobin ng Diyos na Mahal. Ang pagpatay ng tao ay kasalanan sa labás; ang gálit ay kasalanan sa loob. Nguni't bawa't tunay na kasalanan ay nasa loob.

---

* Written by Rev. Father James Skerry, SVD, after four months of intensive study of Tagalog. Slight corrections made.

Ang mga kasalanan ay mortal o vénial. Ang kasalanang mortál ay ang malaking paglabag sa batas ng Diyos; ang kasalanang venial ay ang munting paglabag sa batas ng Diyos. Ang pangalan ng malaking kasalanan ay mortal sapagka't inaalis ng malaking kasalanang ito ang buhay ng kalulwa at pinapatay ito; hindi pinapatay ng mga kasalanang venial ang kalulwa at pinatatawad ng Diyos ang mga kasalanang venial nang lalong madali.

ANG PAGPAPANTAY-PANTAY SA LIPUNAN (In Basic)
Manuel L. Quezon *

Talagáng totoóng ang Pilipinas ay may malakíng pagsúlong sa mga bagay tungkól sa bayan at sa kabuháyan sa loob ng huling tatlumpúng taon. Sapagka-makabáyan at punò ng pámahalaan, dumating tayo sa panahóng nasa ating lahat ang mga karapatán ng isang pámahaláang malasarilí at dahil dito'y masisiguro natin ang pagdatíng ng talagang kalayáan.

Sa kabuháyan, isang bansá tayong malakás sa kalákal ng Amerika; ang ating kalakal sa labas at loob ay dumarámi at ang yaman ng bansa natin ay lumalakíng mabuti. Gumagawâ tayo ng pagsúlong sa kalinísan, pagtuturò, at paggawâ ng mga daan at lahat ng páhatiran.

Nguni't ang maraming may pakinábang dito ay ang mayayáman lamang. Ang mayáman ay maáaring mabúhay sa bigay ng salapî nila at pati mga anak nila ay lumálaki na palaging mayroón. Ang kanilang ibig ay mga ugáling mahalagá lamang ang lipúnan at sayá at iba pang ibig ng katawan nila.

Talagáng ugali na nila ang sumunód sa kabuháyang masayá na walang gawâ at damdáming makatáo. Ang mga taong hindi naman mayáman at hindi naman mahírap ay mayroón ngayóng mabubúting kabuháyan kaysa noong panahón ng Kastilà.

Ang mga kailángan para sa kabihasnán ngayon ay kanilá nang káya. Ang anák nilang laláki at babae ay kumákain na ng mabuti, nagsúsuot ng mabuting damít at nag-aaral ng mataás na karunúngan.

Nakalúlungkót sabihin, nguni't siyang totoó na ang kabuháyang iyan ay waláng-walâ sa báyang-manggagawâ. Lahat na ng mga gumágawâ sa lupà, at pumápasok sa mga trabáho ay kauntì lamang ang ibinúbuti ng lagáy kaysa noong panahón ng

---

* President of the Philippines from 1935 to 1944. Author of the Executive Order No. 134, creating Tagalog as the basis for the National Language of the Philippines, and Commonwealth Act No. 184 creating the Institute of National Language.

Kastilà. Totoo ngâ na ang sáhod ngayon ay lumakí kaysa noong nasa kapangyaríhan tayo ng Espanya at ang sahurán dito ay mataás kaysa alin mang bansá dito sa Silángan, bukod sa Hapon. Nguni't dapat nating isípin na ang pera noon ay maráming bágay at kailángan ang nabíbilí kaysa pera ngayon; at saka, sa samahán ng may patrabáho at manggagawà ay may pálagayang hindî mabábayáran ng salapî. Noon ang may paggawâ at manggagawà ay malapit sa bawa't isa at ang ayos nila ay parang totoóng magkapatíd at magaának, kayâ ang pagsasáma nila at pagmamáhalan ay malakas kaysa salapî. Ngayón ang samahán ay parang mag-ibáng tao at lahat ay gumágawâ para sa kanyáng saríli, gaya rin sa ibang lupà na mayroong malalakíng kalákal. Ang áting mga tao naman ay walang reklámo sa buhay na iyan mangyári'y ang palagáy nila ay dapat tiisín ang lahat ng bigáy ng Diyos para dumatíng sa atin ang awà ng lángit.

Ngayón ang manggagáwang Pilipino, hindi man nag-aral ay ayaw nang maniwalà na ibig ng Diyos na ang iba ay mabúhay na mayáman at ang iba'y mabúhay sa hirap at pagtitiis. Ang manggagáwang Pilipino ngayo'y naníniwala na siya rin ay mahál ng Ama sa Langit gaya rin ng ibang taong kanyang ginawâ; at dahil dito ang daigdig ay hindi ginawâ ng Diyos para sa ilan lamang kundî para sa lahat.

Ang pagsúlong ng Bansa sa pagpantáy-pantáy ng buhay sa lipúnan ay talagáng iniúutos ng Saligáng-Batas (Constitution) natin. Ang ating palátuntunan na tinátanggap ng bayan sa paglagáy sa inyo at sa akin man sa tungkúlin natin, ay nagbíbigay sa atin ng mabigát na tungkúling magkaroón at magalagà sa mga manggagawà. Dapat tayong maging masípag na sa alinmáng batás ay huwág nating payágan na ang manggagawà ay gawán ng masamâ ng may paggawâ, at huwág payágan ang anumáng bagay na makasísirà sa láyon ng pagkakapantáy-pantáy. Sa pagharáp sa kinábukasan ng bagong bansá nating ito ay hindi dapat na tayo'y mangháwak sa lakás ng batás kundi sa lakás ng tapat na pagsasáma ng tao at ng pámahalaan ng náririto para sa layong sila'y alagáan para sa kanilang saríling búhay at kaligayáhan.

Maging ang Kágawaran ng Katarungán (Department of Justice) o Káwanihan ng Paggawâ (Bureau of Labor) ay paréhong handáng tumúlong sa inyo sa paggawâ ng mga kailángang batás para máitakip sa mga kúlang ng mga batás na sinusunod ngayon at sa ganito ay maáyos at magamót ang mga samáng nangyáyari sa bayan at para magawâ rin ang palátuntunang ipinasúsunód ng ating Saligáng-Batas (Constitution) at gayon din ang mga inaántay nila sa atin na nasasabi sa palátuntunan nating panghálalan.

NASAAN ANG INYONG MGA ANAK?
Talumpati ni Aurora A. Quezon *

Aking gágamitin ang sandalíng ito upang magsalitâ ng ilang pangungúsap tungkol sa isang mahalagáng gáwaing hináharap ng bayan natin sa ngayón.

Ang sinásabi ko ay ang tinátawag na "Juvenile Delinquency" o ang di-nátutuwíd na buhay ng mga kabatáan, na dapat nating bigyán ng panahón at pag-iisip kung ibig nating magkaroón ng isang tahimik at matíbay na bansá sa dárating na panahón.

Násaan ang inyong mga anák, mga kababáyan?

Silá ba ay nabúbuhay nang tahímik at masayá na gaya ng ibang batà sa lahat ng dáko? Sila ba ay pumápasok sa páaralan? Ang kanilá bang saríli ay tinúturuan nilá upang magíng matíbay ang ugat ng ating kabihasnán?

Sila ba'y tumátanggap ng mahalagáng aral ng magúlang at ng relihiyón? Páano nila pinaráraan ang mga oras kung walâ sila sa kanilang táhanan, sa simbáhan, o sa páaralán.

O kayâ, ang mga anák ba ninyó ay kasáma doón sa mga waláng kapalárang kabataáng nápapasamâ ang buhay? Kabílang ba sila sa mga hindi tumanggáp ng aral ng páaralán o ng simbahan, isang bagay na hindi sila ang may sála, at sa oras ng pagsasayá ay sumúsunod at gumágawâ ng mga bagay na sa hulí ay nagbíbigay sa kanilá ng malakíng pagkakámalî, na siyang umpisá ng pagkakásala?

Ang lupong ito na binúbuô ng mga kilaláng tao sa paggawâ, at gayon din ng pámahaláan, ay may balak na ingátan at alisín ang mga bágay-bágay na nagdadalá sa ating mga kabatáan sa masamang pamumúhay.

Ito'y mga tanóng, mga minámahal kong kababáyan, na dapat sagutín nang boóng tapat upang máisip natin sa sarili kung tayo ay dapat sumagót sa Diyós at sa tao sa mga ginagawâ ng ating mga anák. Sa gágawin natin sa bagay na ito mákikita ang sagot dito. Anó ang mangyáyari sa Republika ng Pilipinas sa mga dalawampù o tatlumpúng taóng dárating?

"Ang kabatáan ang siyang pag-ása ng báyan..."

Sa mga salitáng ito nálalaman ang laging buháy na ísipan ng ating bayáning si Dr. Jose Rizal.

Kung ibig magíng mabúti ang takbó ng ating báyan, kung gustó nating alagáan ang ating búkas, dapat náting sundín ang mahalagáng aral na ito ng ating bayáni.

---

* Wife of President Manuel L. Quezon and a very prominent civic leader and social worker. (Rewritten into Basic.)

Dahil sa bágay na ito, ibig kong batíin ang mga bálak ng "Coordinating Council on Juvenile Delinquency," isang lúpong nasa ilalim ng Pámahalaán upang tumápos ng isang mahalagang bágay.

Ang lúpong ito ay binúbuô ng mga kilaláng tao sa paggawâ at gayon din ng ilang punò ng pámahalaan upang alisín ang mga bágay-bágay na nagtuturò sa ating mga kabatáan ng masamáng búhay.

Ipinakíkiusap ko sa lahát ng tao dito sa Pilipinas na tulúngan ang gáwain ngayón ng "Council on Juvenile Delinquency." Sinásabi ko ring ito ay isang malakíng gáwain kaya't dapat tumúlong ang lahát, hindi lamang ilán. Kahi't na ano ang kaniláng gawín ay hindi magbúbunga nang mabúti kung hindi tútulungan ng báyan.

At hábang inyóng iníisip ang ibang bágay tungkól sa kabutíhan ng ating bayan, hayaán ninyóng ipaaláala ko ang halaga ng pagpapabúti sa ating kabatáan.

"Ang kabatáan ngayón ang tútulong sa ating báyan sa dárating na panahón."

Ang anák ba ninyó ay may magandáng kinábukasan o mga sawíng-pálad na nawáwalâ sa wastóng kabuháyan?

Násaan ang inyóng mga anák?

MGA TULANG TAGALOG

MASIPAG SI SENY

Naglinis siya kahapon
Naglilinis siya ngayon
Maglilinis siya bukas
At sa buong isang taon.

Ito'y ang batang si Seni
Na malinis sa sarili
Nagagalit na parati
Sa lahat ng marurumi.

ANG BATANG MALUSÓG

Kapag ang bata'y magustuhin ng gúlay
asahan mo't ito'y malakas ang katawan
Malayò sa sakít at lahat ng bagay
na túngo sa kanyang pagkakaramdám.

Kapag ang bata'y umiinom ng gátas
Ngipin kung tumubò kagaya ng perlas
Buong katawan ay laging malakas
may ganang kumain at laging magilas.

SA AKING KABABATÀ *

Kapagka ang baya'y sadyang umiibig
sa kanyang salitáng kaloob ng langit
sanlang kalayaa'y nasa ring masapit
katulad ng ibong nasa himpapawíd.

Ang hindi magmahal sa kanyang salitâ
mahigit sa hayop at malansang isda
kaya ang marapat, pagyamaning kusà
na tulad ng isang tunay na nagpalà.

Ang wikang Tagalog tulad din sa Latin
sa Ingles, Kastila at salitang anghel
sapagka't ang Poong maálam tumingin
ang siyang naggáwad, nagbigáy sa atin.

---

* Tulâ ni Dr. Jose Rizal. Sinulat niya ito noong walong taón lamang siya.

MALIGAYANG BATI
(Happy Birthday to You)

Maligayang bati!
sa inyong pagsilang
Maligaya, maligayang
Maligayang Bati!

MABUTING KAPITBAHAY

Kami ay may kapitbahay
na may mabuting kaloóban
katulong sa kahirápan
at oras ng karamdáman.

Mga lutong masasaráp
kami'y laging binibigyán
mabait siyang kapitbahay
at mabuting mámamayán.

TAG-ULAN

Ang ulán ay búhay
sa mga halaman
at uháw na lúpang
binabasáng tunay.

Ibig naming maligò
sa malakas mong tulò
Kami'y maglalarô
Huwag kang hihintô.

MGA AWIT NG PASKÓ *

O, MAGSAYÁ!
(Himig: Joy to the World)

O, magsayá at magdiwang,
Pagka't sumilang na
Ang Harì ng lahát,
Ang Harì ng lahát.
Kayá't ating buksán,
Kayá't ating buksán
Ang pintô ng ating pagmamahál.

Talikdán na at lisanin
Ang buhay na likô,
Sa Sanggól sa Belen,
Sa Sanggól sa Belén
Malinis na pusò,
Malinis na pusò
Ang atin—ang ating ihahain.

(Repeat First Stanza)

NOÓNG UNANG PASKÓ
(Himig: The First Noel)

Noóng unang Paskó,
Nang gabing tahimik,
Ay nakarinig ng awitan sa langit:
"Magsayá! Magsayá!
At sumilang na
Ang Sanggól na sasakop sa sala."

"Magsayá! Magsayá!
At sumilang na
Ang Sanggól na sasakop sa sala."

* The National Language translations of the lyrics of these traditional Christmas carols are reprinted by Standard-Vacuum Oil Company as a public service, made possible through the courtesy of the Bureau of Public Schools. These translations were issued by the BPS through official BULLETIN NO. 37. Reprints are available upon request.

DATING PASKÓ
(*Himig*: White Christmas)

Ibig ko'y ang dating Paskó,
Noóng munting batà akó,
Saganà sa suman,
Sakâ ginatán,
At maraming laruán.

Ibig ko'y ang dating Paskó,
Laging napapangarap ko,
Sana ay maging gayón din
Ang Paskóng sa iyó
Ay dáratíng.

TALANG PATNUBAY
(*Himig*: Silent Night)

Nátanáw na sa Silangan
Ang Talang Patnubay
Nang gabíng katahimikang
Ang Sanggól sa lupa'y isilang
Ng Birheng matimtiman,
Sa hamak na sabsaban.

H-m-m-m-! H-m-m-m-!
H-m-m-m-! H-m-m-m-!
Tulog na, Oh Sanggól na hirang,
Hilig na sa sutláng kandungan
Ng Birheng matimtiman,
Ikáw ay áawitan . . .

KLING! KLING! KLING!
(*Himig*: Jingle Bells)

Kling! Kling! Kling!
Klang! Klang! Klang!
Anóng tuwá't sayá
Oh, kayó'y tumugtóg na't
Kamí ay kakanta! (Hey!)
(*Repeat minus the "Hey!" in closing*)

Heto na, heto na,
Ang Paskóng masayá
Nalálangháp ko na,
Ang suma't kusilbá.

Mayróng sumásayáw,
Mayróng lumúluksó,
Oh, mano pô Ninang, Ninong,
Kami'y namámaskó.

(*Repeat First Stanza*)

ÁWITAN NG MGA ANGHÉL
(*Himig*: Hark, the Herald Angels Sing)

> Pakinggán natin ang awit
> Ng anghél sa langit,
> "Ang Hari ng Pag-ibig
> Ay nilang sa daigdig!"
> Magdiwáng at malasin
> Ang sasakop sa atin.
> Na sumilang sa Belén,
> Kalong ng Ináng Birhen.
> Na sumilang sa Belén,
> Kalong ng Ináng Birhen.

HALINA, HALINA
(*Himig*: O Come, All Ye Faithful)

Halina, Halina,
Tayo ay dumalaw,
Halina, Oh, halina sa Belén.

Ang mga anghél ay nag-áawitan,
Pagká't ngayón sumilang,
Pagká't ngayón sumilang
Ang BathálÁng Sanggól
Na si Jesus.

EVERYDAY EXPRESSIONS
Instructions to Children

Come here.
  Halíka.
Wash your hands and face.
  Maghúgas ka ng kamáy at mukhá.
Put on your shoes and clothes.
  Isuót mo ang iyóng sapátos at barò.
Sit down and rest.
  Maupó ka at magpahingá.
Go to sleep.
  Matúlog ka na.
Pick up your toys.
  Kúnin mo ang iyóng mga laruán.
Do not cry.
  Huwág kang umiyák.
Don't quarrel.
  Huwág kayong mag-áway.
Go outdoors and play.
  Lumabás kayo at maglarô.
Do not wake the baby.
  Huwág ninyong gisíngin ang batà.

At Mealtime:

Let us give thanks for the food.
  Magpasalámat tayo sa pagkáin.
Will you have meat?
  Gustó mo ba ng karné?
Please pass the rice.
  Bigyán mo ako ng kánin.
We would like more tea.
  Íbig pa námin ang tsa.
Please bring the bread.
  Pakidalá mo ang tinápay.
Please bring the dessert.
  Pakidalá mo ang matamis.
We are through eating.
  Tapós na tayong kumáin.
Please clear the table.
  Pakiligpít mo na ang mésa.
That was a good meal.
  Masaráp ang ating pagkáin.

Where does Mr. .... live?
    Saán nakatirá si G. ....?
Where is the Post Office?
    Saán naroón ang Post Office?   (*Koreo*)
Does a bus stop here?
    Tumítigil ba rito ang bus?
How long before the bus comes?
    Gaánong katagal ang dating ng bus?
Where does this bus go?
    Saán páparón ang bus na itó?
What time does this bus arrive in Manila?
    Anóng oras ang datíng sa Maynilà?
How do I get to Rizal Avenue from here?
    Paáno ang pagpuntá sa Avenida Rizal?
What is the name of this barrio?
    Anó ang ngálan ng báryong itó?
Is the water safe to drink?
    Ang túbig ba ay maáaring inumín?
Where can we buy food?
    Saán makákabilí ng pagkáin?
Show me the way.
    Iturò mo sa akin ang daán.

TIME:

What time is it?
    Anóng oras na ngayón?
It is one o'clock.
    A la úna na.
Today is Sunday.
    Ngayón ay Linggó.
Tomorrow is Monday.
    Búkas ay Lúnes.
The time is two-thirty.
    Ang óras ay alas dos y médya (Ikalawá at kalahati)
Yesterday was Saturday.
    Kahápon ay Sábado.
This is Holy Week.
    Ngayón ay Mahál na Áraw.
This month is October.
    Ang buwáng ito ay Oktubre.
The date is November 21.
    Ang pétsa ay ika-21 ng Nubyémbre.
The year is nineteen hundred fifty-six.
    Ang taón ay sanlibo, siyam na raán at limampu't anim.

In the Kitchen:

The stove is hot.
   Ang pugón ay maínit.
The pan is full.
   Ang kawalì ay punô.
The knife is sharp.
   Ang kutsílyo ay matálas.
The pantry is empty.
   Ang páminggalan ay waláng lamán.
The dishes are clean.
   Ang mga pinggán ay malínis.
The floor is dirty.
   Ang seménto (sahíg, o tablá) ay marumí.
      ("Floor" is what it is made of)
Let us cook the food.
   Lutúin natín ang pagkain.
It is time to serve the meal.
   Óras na para kumáin.
Wash the vegetables thoroughly.
   Hugásan mong mabúti ang mga gúlay.
Keep the cabinets in order.
   Iayos mo ang mga kábinet.

In the Sala:

Please come in and sit down.
   Tulóy kayó.   Umupô kayó.
Could we help you?
   May máitutúlong ba kamí sa inyó?
We are happy that you came.
   Natútuwâ kamí sa pagparíto ninyó.
This chair is comfortable.
   Ang úpuang ito ay mabúti.
Do you wish to hear some music?
   Ibig ba ninyóng makiníg ng tugtóg?
Would you like to read the newspaper?
   Ibig ba ninyóng magbasá ng páhayagan?
Will you have some cool water?
   Ibig ba ninyó ng malamíg na túbig?
How long have you lived here?
   Gáanong katagál na kayong nakatirá rito?
We enjoy living here.
   Nasísiyahán kamíng tumirá rito.
The people are friendly and helpful.
   Ang mga tao ay mabubúti at matulungin.

INTRODUCTIONS:

My name is ....
    Ang pangálan ko ay ....
What is your name?
    Ano ang pangálan ninyó?
This is my friend, Mr. ....
    Ito'y áking kaíbigan, si G. ....
I am pleased to meet you.
    Ikinagágalák kong mákilala kayó.
Please come and visit us.
    Dumálaw kayó sa amin.
We enjoyed our visit.
    Nasísiyahan kami sa aming pagparíto.

IN THE MARKET:

Is the meat fresh?
    Sariwà ba ang karné?
How much is the chicken?
    Magkáno ang manók?
That is too much.
    Nápakamahál namán!
Where are the vegetables grown?
    Saán tanim ang mga gúlay na iyán?
Give me one kilo of potatoes.
    Bigyán ninyó ako ng isang kílong patátas.
Do you have some other things?
    Mayroón pa ba kayóng ibá?
Is this made in the Philippines?
    Gawá ba rito sa Pilipinas itó?
Where can I buy some gifts?
    Saán ako makákabili ng mga pang-álaala?
Your price is fair.
    Mabúti ang halaga ninyó.
This is not the correct change.
    Hindî táma ang suklî.
Please wrap the package.
    Pakibálot ngâ ninyó.

ON SPEAKING TAGALOG:

I am learning to speak Tagalog.
    Nag-áaral akóng magsalitá ng Tagálog.
I speak only a little Tagalog.
    Nagsásalitâ ako ng káunti lámang.

Please talk to me only in Tagalog.
Kausápin mo akó sa Tagalog lamang.
How do you say ....?
Paáno sinásabi ang ....?
You must correct my pronunciation.
Iwastô mo ang aking bigkás.
We are studying your national language.
Nag-áaral kami ng inyóng wíkang pambansá.
Do you speak Tagalog?
Nagsásalitâ ba kayó ng Tagálog?
I do not understand.
Hindî ko maintindihán.
Repeat it, please.
Pakiúlit ninyo.

IN A PARTY:

The food is ready. Let us eat.
Ang pagkáin ay handâ na.   Táyo nang kumáin.
Eat well (or much).
Kumáin kayóng mabúti.
Do you like bread?
Gustô ba ninyó ang tinápay?
Do you like rice?
Gustô ba ninyó ang kánin?
Please get some more.
Kumúha pa kayó.
Thank you. I am full.
Salámat po.   Busóg na akó.
Please have another serving.
Kumúha pa kayó nang kauntî.
No more, thank you.
Huwág na pô, salamat.

DRESSING UP:

What will you wear?
Anó ang iyóng isúsuot?
I do not know. I do not have a new dress.
Ewan ko.   Walâ akóng bágong barò.
Wear your yellow one.
Isuót mo ang diláw na barò.
That is an old dress!
Lumà na iyón!
There is nothing I can wear.
Walâ akóng máisuót.
I shall wear my barong Tagalog.
Isúsuót ko ang áking bárong Tagálog.

I like barong Tagalog. It is cool.
Gustó ko ang bárong Tagálog. Itó ay malamíg.
A coat is warm.
Maínit ang amérikana.

GOODBYE:

It is late (at night). Let us go home.
Gabí na. Táyo nang umuwî.
Thank you for coming.
Salámat sa inyong (or *iyóng*) *pagparíto.*
We enjoyed the party.
Nasiyahán kamí sa inyóng handá.
Please come again.
Pumaríto kayó ulî. (mulî)
Goodbye. Thank you very much.
Paalám na. Maráming salámat.
Goodbye. Until the next.
Paalám na. Hanggáng sa mulî.

CONVERSATIONS

Note: Glottal vowels cease to be pronounced with a catch except when they appear as phrase or sentence-ends.

Likewise, the sound of *o* in syllable-ending words is changed to *u*. All these are for ease in pronunciation and hence a smooth conversation.

AT HOME:

Si Aling Binday ay may dalawáng anák na nag-áaral sa mabábang páaralán. Si Nonoy ay násá-ikaánim na grádo at si Seni ay násá-ikalimá.

"Ináy, ináy!" ang sigáw ni Seni mulá sa labás ng báhay.

"Anó iyon? Bakit ka sumísigáw?"

"Si Nonoy po ay nakipag-áway sa kakláse niya. Nárito pô, putók ang ngusò!"

"Nakú! itóng anák na itó! Halíka ngâ! Bákit ka nakipag-áway?"

"Mangyári po eh, sábi niya nangongopiya raw akó."

"Iyón lámang palá! Nakipagsuntúkan ka na. Ulí-ulî, maskí na ano ang sabíhin sa iyó ay huwág kang makíkipag-áway, ha?"

"Abá, masama iyáng turò mo sa iyóng anák," ang sagót ni Mang Martin. "Laláki iyán, pabayaán mo siyang magtanggol sa saríli."

"Naku! ito namán, gustó mo báng magíng basaguléro (*quarrelsome*) iyang kaparého mo?"

Dumálaw si Aling Tumasa sa kaibigáng máysakít. May dalá siyáng labindalawáng dalandán.

"Tao pô."

"Abá! si Aling Tumasa. Tulóy po kayó."

"Kumustá po si Aling Mary?"

"Mabutí-butí po ngayón. Pások kayó. Nárito siyá."

Nang nása-silíd na siyá ng maysakít, hinináan ni Aling Tumasa ang bóses niyá para hindí mágulat ang maysakít.

"Aling Mary, kumustâ po kayó? Anó po ba ang lagáy ninyó ngayón?"

"Masakít po ang aking úlo at dibdib at saka umíinit akó kung hápon."

Si Aling Tumasa ay nag-áral din namán kayâ alám niyá ang ibig sabíhin ng sakít na iyón. Nguni't hindî siyá nagsalitâ tungkól dito.

"Mabúti po namán ang inyóng kúlay. May dala akóng dalandán para sa inyó. Maáalis nitó nang káunti ang sakít ng dibdíb ninyó."

"Salámat po!"

"Mabúti'y patingín kayó sa doktór hanggáng maága, nang bumuti kayó kaagád."

"Oo ngâ. Dádalhín ako ng aking anák sa San Lazaro. Wala raw pong báyad ang patingín doón."

"Mabúti nga pô. At saká na akó páparito ulî. Siguro'y malakás na kayó sa isáng linggó."

"Sána nga pô. Maráming salámat sa inyó."

AT THE TELEPHONE:

"Hello, itó po ba ang 67641?"

"Opò, sino po ba ang íbig ninyóng mákaúsap?"

"Nariyán po ba si Doktor Reyes? Ikúkunsulta ko lámang ang aking anák."

"Nárito pô. Mag-antáy kayóng sandalî."

"Opò."

"Hellow?"

"Doktór, ako po si Pedro Ortiz. Masakít po ang tiyán ng aking anak. Ano po ba ang mabúti?"

"Kailangang mákita ko kaagád. Púpunta akó riyan ngayón din."

"Mabúti nga pô, Doktór. Marámi pong salámat. Áantayín námin kayó."

"Hello, iyán po ba ang 26211?"

"Opò, sino po ba ang gustó ninyóng mákausap?"

"Si Maring po. Náriyan ba siyá?"

"Akó nga si Maring. Síno ka ba? Juaníta?"

"Oo, si Juanita ako. Hindî kita náboses agád."

"Mangyári'y may sipón akó. Bákit? May balità ka bang mabúti?"

"Pumaríto ka sana sa amin. May káunti kaming káinan búkas."

"Bákit? Pistá mo ba?"

"Pista ng Tatay ko. Pumaríto ka!"

"Totoó ba? Sabíhin mo na lamang, masayáng araw sa kanilá, ha?"

"Oo, salámat, áantayín ka námin."

"Pípilitin ko. Ano bang óras?"

"Mga alas tres (3:00 p.m.). Pumaríto ka na."

"Oo."

"Paalám na. Hanggang búkas."

"Adiyós."

IN SCHOOL:

A. Si Maria at si Elena ay mágkaklase. Marúnong si Maria káysa kay Elena nguni't magandá naman itong hulí.

Elena: "María, bakit ba pirming mataás ang mga marka mo, parého naman tayo ng pinagáaralan?"

Maria: "Bákit ikaw namán, magandá kaysa sa akin, parého naman tayong dalága."

Elena: "Péro, gustó ko na ang marúnong káysa sa magandá."

Maria: "Sábi mo lamang iyán, madalás e,* inggít na inggít ako sa gandá mo, násasabi ko tulóy na kung magandá lamang ako na pareho mo hindi kailángang 65 ang markang makuha ko."

Elena: "Iyan ang hindî tamà. Ang gandá ay nawáwala pero ang dúnong ay hindî."

Maria: "Oo ngâ, pero pag magandá ka namán, maraming binatà ang íibig sa iyo. Pag marúnong ka áayawán kang lalò ng laláki."

Elena: "Bakit namán? Ayaw ba ang mga laláki ng marúnong na asáwa?"

Maria: "Mangyári pa! Natátakot sila baka mátaasán silá ng dunong ng babáe. Ang gusto ng mga laláki ay sila ang úlo sa báhay sa lahát ng bágay."

---

* The Tagalogs sound an "...e" at the end of an expression or sentence when they like to express regret or impatience.

Elena: "Iyán ang hindí tamà! Kung ang ina ko ay di-marúnong, hiráp kamíng lahát ngayón. Siya ang katúlong ng ama ko sa paghahanap-búhay."

Maria: "Sigúro lalong gustó nila ang magandá na ay ma-rúnong pa, anó?"

Elena: "Ah! talagá, at mayáman pa."

B. Si Nora at si Helen ay magkaibígan at magkakláse pa. Bago mag-umpisá ang klase sila ay nag-úusap sandalî. Ugalì na nilá ang umupô sa ilálim ng punò ng manggá kung umága.

"Nora, nag-áral ka ba ng 'History'?"

"Hindi pa e, hindi ko makabisa ang mga ngalan ng mga táong iyón."

"Síno? Iyon bang mga naging pangúlo ng Estados Unidos?"

"Oo. Bakit ba ipinakákabisa sa atin iyón? Kung itong mga pangulo nátin sa Pilipinas ay hindi ko matandaán, di lalò na iyón."

"Abá! masamâ namang hindî natin alám ang mga na-ging pangúlo ng mga Amerikáno. Malakí rin ang nagawâ ng iba niyón para sa atin, lalo na si Roosevelt."

"Ang hírap nga e, ang natátandaan ko lamang ay si Roose-velt."

"Nátatawa akó sa iyo. Pag ang nákuha mo mámayâ ay sero, makákabisa mo rin silá."

"Sigúro ngâ, anó?"

ISANG HANDAAN SA PROBINSIYÁ

Kami ay pumuntá sa isang kasalan (wedding) sa probin-siya ng Nueva Ecija. Ang aming kaibigan ay ikakasál (will be married). Sumakáy kami sa auto nang ika-10 ng umaga at dumating kami doon nang ika-12:00 ng tanghalì.

Maraming-maraming tao sa bahay ng aming kaibigan.

"Maligayang bati sa inyo," ang sabi namin sa bagong kasal.

"Maraming salamat. Sino ang inyong mga kasama?"

"Ang aming mga anak at mga katulong. Hindi kami na-kaalís nang maaga (early). Ang aking anak ay natulog sa kotse. Kami ay pagód na pagód (very tired)."

"Tayo nang kumain," ang sabi ng aking kaibigan.

"Salamat po. Marami kayong bisita (visitors). Sila ba ay inyong mga kaibigan at kamag-anak (relatives)?"

"Oo, sila ay mga kaibigan at kamag-anak namin. Nakatira sila dito sa aming bayan."

Kami ay kumain sa mahabang mesa (long table), kasama ang kanilang mga kaibigan at kamag-anak. Masayá ang mga tao. Masaya ang bagong kasal. Lahat ay masayá.

Umuwî na kami nang ika-3:00 ng hapon. Dumating kami sa Maynila nang ika-6:00 ng gabi. Kami ay pagod (tired) nguni't masayá at busóg.

DICTIONARY

BASIC TAGALOG

I Tagalog - English
II English - Tagalog

THE ACCENTS

- ´ Acute accent. Used on all stressed syllables except on words with grave accent.
- ` Grave accent. Stress on penultimate syllable (unaccented). Last vowel with glottal stop.
- ^ Circumflex accent. Stress on last syllable. Last vowel with glottal stop.

ABBREVIATIONS

n.	noun
adj.	adjective
v.	verb
pron.	pronoun
adv.	adverb
prep.	preposition
conj.	conjunction
art.	article
interj.	interjection
syn.	synonym

I TAGALOG — ENGLISH

— A —

abá, interj. exclamation of surprise, wonder, admiration
abó, n. ashes
abót, verbal. within reach
ákin, pron. mine, my
akó, pron. I
adiyós (paalám) goodbye
agád, adv. at once; soon
áhas, n. snake
ahente, n. agent
álaala, n. (1) memory; (2) gift
alagà, n. someone under one's care
aláhas, n. jewelry
alám, verbal. to have knowledge of

álat, n. salty taste; *maálat* adj. salty
alikabók, n. dust
alín, pron. which
alís, n. departure
alisín, v. to remove;
álisan, v. to remove from
áliwan, n. entertainment, pastime
almusál (agahan), n. breakfast
álon, n. wave
amá, n. father
amerikána, n. coat of a man
ámin, pron. our, ours (excluding you)
amóy, n. smell, odor

211

anák, n. child; anák na laláki n. son;
anák na babáe, daughter
ang, art. the; ang mga (pl)
áni, n. harvest
aníno, n. shadow
anó, pron. what
antayín (hintayín) v. to wait for
anunsiyo, n. advertisement, announcement
anyáya (paanyáya), n. invitation
apóy, n. flame of fire
aráro, n. plow
áraw, n. (1) sun; (2) day
árte, n. (*'ning) art
asáwa, n. wife or husband
ásim, n. sour taste;
maasim, adj. sour
asín, n. salt

áso, n. dog
asó, n. smoke
aspilé, n. pin
asúkal, n. sugar
asúl, (bugháw) adj. blue
at, conj. and
átin, pron. our, ours (including you)
awà, n. pity; adj. kawawà
áway, n. quarrel; a fight
ay! interj. exclamation of despair, sadness
ay, copulative particle equivalent to Eng. to be
áyaw, verbal. to dislike
áyos, n. order, arrangement, appearance
aywán, not to know. Aywan ko, I don't know

— B —

ba, particle used for questions
babà, n. chin
babà, n. lowness;
mababà, adj. low
babáe, n. woman, female
báboy, n. pork; pig
bakà, particle used to express doubt
báka, n. cow
bákal, n. iron; steel
bákit, adv. why
bákod, n. fence; bakuran, n. yard
bakyâ, n. wooden shoes
bága, n. live charcoal
bagà, n. lungs
bágo, adv. before
bahâ, n. flood
bahági, n. a part, portion
bahála na! common expression meaning "come what may!"
báhay, n. house
bahay-kubo, n. nipa hut
bálak, n. plan, aim, purpose
baitang, n. grade; step
balità, n. news
bálot, n. wrapping;
balútan, n. package
bandilà, n. flag, banner
bangkâ, n. boat, banca
bangko, n. bank
bangós, n. milkfish
baníg, n. buri mat
bapór, n. boat, ship
bansá, n. nation, country
pambansá, adj. national
bantáy, n. watchman, guard
baríl, n. gun, revolver
barbéro, n. barber; barberyá (págupitan) n. barbershop
barò, n. dress
basâ, adj. wet
baság, adj. broken

básag-ulo, n. (idiom) quarrel, misunderstanding
baso, n. drinking-glass
batà, n. child; batang babae, girl;
batang lalaki, boy
batás, n. law
batì, n. greeting; Maligayang bati!
Congratulations! Best wishes!
bató, n. 1. stone; 2. kidney
báwa't, pron. every, each
báwal, verbal. prohibited, not allowed
báwang, n. garlic
báyad, n. payment
báyan, n. 1. town, 2. country
bayani, n. hero
bérde, adj. (luntian) green
bibíg, n. mouth
bigás, n. rice
bigát, n. weight, heaviness; mabigát, adj. heavy
biglâ, adv. suddenly, at once
bílang, n. number; conj. as
bilí, verbal. amount paid for a thing
bilíbid, n. prison
bintanà, (durungawan) n. window
binyág, n. baptism
birò, n. joke;
mapagbirô, adj. jester, full of jokes
bísig, n. arm of human body
biyáhe, n. trip, travel; magbiyahe, v. to travel
bombílya, n. electric bulb
bóses, (tinig), n. voice
bóte, n. bottle
bukás, adv. open; buksán, v. to open
bukód sa, prep. except; aside from; besides
búkid, n. field; farm
buhángin, n. sand
búhay, n. life

212

buháy, adj. alive; growing
buhók, n. hair
bulaklák, n. flower
bulsá, n. pocket of trousers or shirt
bumalík, v. return
bumása, v. to read
bumilí, v. to buy; magbilí, v. to sell
bundók, n. mountain; taong-bundók, n. mountain people
búngang-kahoy (prutas), n. fruit

bútil, n. grain; cereal
butó, n. bone; seed
butónes, n. buttons
buwán, n. 1. moon; 2. month. bilóg ang buwán, full moon
buwís, n. tax
buwísit, n. one that brings bad luck; wisit, n. one that brings good luck; adj. same.

— K —

ka, pron. you (sing. post-posed of ikaw)
kaarawán, n. birthday
káwawà, adj. pitiful
kababáyan, adj. fellow-citizen; countryman
kabáyo, n. horse
kabihasnán, n. civilization
kabuháyan, n. livelihood
kabutíhan, n. goodness; virtue
kabisádo, v. learned by heart; memorized
kakilála, n. acquaintance
kagatín, v. to bite
kagabí, adv. last night
kagálang-galang, adj. honorable; respectable
kagalit, n. enemy
kahápon, adv. yesterday
kahón, n. box
káhoy, n. wood; fuel; lumber
kaibígan, n. friend
kailán, pron. when
kailángan, aux. v. to need; adv. necessary
kalabaw, n. carabao
kalákal, n. merchandise; goods
kalahati, n. half. adj. one-half
kalán, n. clay-stove
kalayáan, n. independence; liberty. malayà, adj. free
kaláwang, n. rust
kalésa, n. two-wheeled vehicle pulled by a horse
kaligayáhan, n. happiness; contentment
kalihim, n. secretary. pangalawang kalihim, n. asst. secretary
kaliwâ, n. left (direction)
kamag-ának, n. relative
kamátayan, n. death
kamátis, n. tomato
kamáy, n. hand
kambal, n. twins
kami, pron. we (excluding the person talked to)
kamisadentro n. man's shirt
kamiséta, n. undershirt
kampanà, n. church bells

kánan, n. right (direction)
kandilà, n. candle
kanilá, pron. their, theirs (proposed of nila)
kánin, n. cooked rice
kanína, adv. a while ago
kaníno, pron. whose. para kanino, for whom; sa kanino, from whom; to whom
kaniyá or kanyá, pron. his, her. sa kanyá, to her or him; para sa kanyá, for her or him
kanlúran, n. west. kanluranín, adj. western
kantá (awit) n. song. mang-aáwit, n. singer
kapatíd, n. brother or sister
kapé, n. coffee
kápitbahay, n. neighbor
karáyom, n. needle
karné, n. meat of cow, carabao, or horse
karapatán n. right (to do)
kasáma, n. companion
kasamá, n. partner in business or land cultivation
kasápì, n. member of a society, club, or political party
kaseróla, n. caserole, cooking utensil
katás, n. juice of fruits. makatas, adj. juicy
katawán, n. body
katúlong, n. helper; servant
káwad, n. wire. kawad-elektrika, n. electric wire
kawaní, n. employee
kawáyan, n. bamboo
kauntì, adj. and adv. few, little
kay, to (with names of persons) sa kay, for...
kayá, conj. so; and so
kayó, pron. you (pl.) used as singular in respectful address.
káysa, conj. than
kayumanggí, adj. race color of Filipinos; brown complexion
késo, n. cheese
kinatawán, n. representative
kláse, n. 1. class in school; 2. kinds

ko, pron. mine; by me (postposed of *akin*)
kukó, n. fingernail
kulambô, n. mosquito net
kúlay, n. color
kulóg, n. thunder
kumáin, v. to eat
kúmot, n. blanket
kumúha, v. to get
kumustá, (greeting) How are you?
kundíman, n. native love song
kung, conj. if; when, as to

kunsúlta, n. consultation
kúru-kurò, n. opinion
kurtína n. curtain
kusinà, n. kitchen
kutsára, n. spoon
kutséro, n. driver of a calesa or rig
kutsílyo, n. table or kitchen knife
kuwádro, n. picture frame
kuwénto, n. story; fiction
kuwéro, n. leather
kuwintás, n. necklace

— D —

daán (*kalye; kalsada*) n. road; street. adj. hundred
dakilà, adj. great; foremost
damdámin, n. emotion; feeling; suffering
damít, n. cloth; dress
dangál, n. honor (syn.) *karángalan*
dápat, aux v. must; ought
dáti, adj. former. adv. formerly
daw, conj. it is said
dibdíb, n. breast
dilà, n. tongue
diláw, adj. yellow
diligín, v. to water; sprinkle water on
dilím, n. darkness (syn.) *karimlán*
din, adv. also, too.
disgrásya, n. accident (syn.) *aksidénte*

díto, adv. here, in this place
diyán, adv. there, in that place (near the person spoken to)
diyáryo, n. (*pahayagan*) newspaper
Diyós, (*Bathala*) n. God, Supreme Being
doktór (*manggagámot*) doctor of medicine
doón, adv. there, yonder (far from persons talking)
dugô, n, blood
dúlo, n. end; point
dumating, v. to arrive. n. *pagdating*
dumi, n. dirt; refuse
dúnong (*karunúngan*), n. knowledge, ability
dúyan, n. hammock; cradle
duwág, adj. coward

— E —

eléktrika, adj. electric. *ilaw-elektrika*, n. electric light
eskuwéla (*páaralán*) n. school
eksámen, n. examination; long test

espesiyál, adj. good; special, extraordinary
estasyón, n. station; waiting shed
estudiyánte, n. student

— G —

gabí, n. night, evening
gáling sa, verbal, comes from; came from
gálit, n. anger, *galít,* adj. angry
gámit, n. use; usefulness. *gamítin,* v. to use
gamót, n. medicine. *gamutín,* v. to cure
gandá, n. beauty
ganitó, adv. like this
ganyán, adv. like that
ginisá, n. sauted food, like meat, vegetables
ginoó, n. gentleman; mister
gintô, n. gold
gising, adj. awake. *gisíngin,* v. to wake up someone

gitnà, n. middle; center
góma, n. rubber; rubber tire of cars
grádo, n. grade; class
gripò, n. faucet
gugò, n. gogo bark used for shampoo.
gúhit, n. line
gúlay, n. vegetable
gunting, n. scissors
gupít, n. haircut, *gupitin* v. to cut with a pair of scissors
gurò, n. teacher
gustó, n. like; desire
gutóm, adj. hungry, *gútom,* n. hunger
gátas, n. milk

214

habà, n. length, habá, adj. elongated
hábang, conj. while; as long as
hagdán, n. ladder; stairs
halagá, n. cost; importance
hálalan, n. election
halík, n. kiss
halika, v. come here
halimbawà, n. example
hámak, adj. lowly; despised
handaan, n. celebration; party
hangál, adj. ignorant; stupid
hanggáng, conj. until
hángin, n. wind; air
hápon, n. afternoon
hapúnan, n, supper
haráp, n. front. sa haráp, prep. in front
hardin, (halamanan) n. garden; lawn
hátinggabí, n. midnight
hátol, n. judgment; decision
háwak, n. hold. hawákan, v. to hold

háyop, n. animal
héto, adv. here, here it is
hilagà, n. north
hindî, adv. no; not
hiningá, n. breath
hinlalakí, n. thumb
hinóg, adj. ripe; hiláw, unripe
hintayín, v. to wait for
hípon, n. shrimp
hirám, adj. borrowed. hiramin, v. to borrow
hiyâ, n. shame. mahiyâ, v. to be ashamed
húkbo, n. army. húkbong-dágat, n. navy
hulí, adj. late
humigá, v. to lie down
humingî, v. to ask for; to request
hustó, adj. exact, fit, enough
huwág, adv. don't, do not

ibá, adj. other, another; different
ibabá, adv. under, below; down
ibábaw, above; on
ibig, v. love; like. umibig, v. to love
ibigáy, v. to give
ibon, n. bird
ikáw, pron. you (sing.)
ilagáy, v. to put; to place
ilálim, adv. beneath. sa ilálim, prep. under
ilán, pron. some. adv. how many?
ilaw, n. light fixtures; lamp
ílog, n. river
ilóng, n. nose
iná, n. mother
ingay, n. noise. maingay, adj. noisy
inggit, n. envy. mainggitin adj. envious
init, n. heat; warmth. mainit, adj. hot; warm
inumin, n. a drink. v. to drink

inyó, pron. your, yours
isáma, v. to take along; include
isará, v. to close windows or doors
isaulì, v. to return something borrowed or given
isdá, n. ιish
isip, n. mind; thought. mag-isip, v. to think
isuót, v. to wear; to put on
itaás, adv. above. v. to put up
itápon, v. to throw away
itím, adj. black
itlóg, n. egg
ituró, v. to teach something; to show or point
itó, pron. this; this one
iwan, v. to leave behind
iyák, n. cry. iyakin, adj. tearful; one who cries easily
iyán, pron. that
iyó, pron. your, yours (sing.)

lában, n. fight; contest. labánan v. to fight with another
labás, n. outside; presentation, as in stage. sa labas, adv. outside
labì, n. lower lip
labíng, prefix. when placed before a cardinal number (1 to 9) it means more than ten, as in labing-isá, eleven; labinlimá, fifteen.
lábis, n. surplus; adv. more than enough.

lákad, n. walk. lumákad, v. to walk
lakás, n. strength; force
lakí, n. size. lumálaki v. pres. growing; increasing in size
lagáy (kalagayan) n. condition; state
lagdá, (pirma) n. signature
lagì, adv. always
lahát. pron. all, everybody
lahì, n. race of people; nationality
laláki, n. man; male

lalagyán, n. container
lalamúnan, n. throat
lámang, adv. only
lambát, n. fishing net
lamíg, n. coldness; malamíg, adj. cold
lamók, n. mosquito
lángaw, n. housefly
langgám, n. ants
langis, n. oil
langóy, n. swim. lumangóy, v. to swim
lápis, n. pencil
laró, n. play; game
laruán, n. plaything; toy
lása, n. taste
lasíng, n. drunkard. lásingan, n. drinking-place, bar
láson, n. poison
láway, n. saliva
láta, n. tin can
layà, n. freedom. maláyà, adj. free, independent
layò, n. distance. malayò, adj. far; distant
láyon, n. aim; purpose
likás, adj. native of; natural to
likhâ, n. creation; product

libró, (aklat) n. book
ligò, n. bath. maligo, v. to bathe
ligáya, n. happiness; adj. maligaya
líham (sulat) n. letter; missive
líhim, n. secret
línis, n. cleanliness malinis, adj. clean. linîsin, v. to clean
lindól, n. earthquake
linggó, n. week. Linggo, n. Sunday
lipon, n. group
lipúnan, n. society
listáhan (talaan) n. list
litráto (larawan) n. picture
litsón, n. roasted pig
loób, n. interior. sa loób, adv. inside
lumà, adj. not new
lumápit, v. to come near; to approach
lumipád, v. to fly
lumubóg, v. to sink
lunsód, n. city. punung-lunsód, n. capital
luntian, adj. green
lupà, n. earth; ground; land
lutò, n. the cooking. lutò, adj. cooked. tagalúto, n. cook

— M —

maaarí, v. possible; can
maága, adv. early
mabigát, adj. heavy
mabahò, adj. bad-smelling
mabaít, adj. good (used with persons and animals) syn. mabuti
mabangó, adj. fragrant
mábanggà, v. to bump against; to collide with
mabúhay, inter. long live! v. to live
mabúti, adj. good; well (used with persons or things)
makabágo, adj. modern, up-to-date
makabáyan, adj. patriotic; nationalistic
makapál, adj. thick
mákina, n. machine; sewing machine
mákita, v. to see
makiúsap, v. to plead; to make a request
madálang, adv. slowly
madalás, adv. often; frequent
madali, adj. easy. adv. fast
magálang, adj. courteous
magandá, adj. beautiful, pretty
mag-anak, n. family
mag-áral, v. to study
mag-asáwa, n. husband and wife. v. to marry
magaling, adj. good; excellent; free from sickness

mágasin, n. magazine
magkáno, adv. how much?
magkapatid, adj. brothers or sisters
magdasál, v. to pray (Catholic)
maghain, v. to set the table
maghápon, adv. all day long
maghúgas, v. to wash (not clothes) anything
maglabá, v. to wash clothes
maglaró, v. to play. manlalaro, n. player
magpaalám, v. to bid goodbye
magpasyál, v. to promenade; to take a walk
magsasaká, n. farmer
magsimbá, v. to hear mass; to go to church (Catholic)
magtanim, v. to plant
mágulat, v. to be surprised
mahabà, adj. long
mahál, adj. dear; precious; expensive
mahusay, adj. efficient; exceptional
maingay, adj. noisy
maitim, adj. black
malakí, adj. big, large
malamíg, adj. cold; cool. Ant. mainit, adj. hot, warm
malápit, adj. near. Ant. malayo, adj. far
maliwánag, adj. clear, bright. Ant.

216

madilim, adj. dark
malusóg, adj. healthy
mamà, n. uncle; mister
mámayá, adv. by and by, later on (within the day)
mámamayán, n. citizen
manalángin, v. to pray (Protestant)
maniwalà, v. to believe
manók, n. chicken
mantikà, n. lard
mantikilya, n. butter
maputî, adj. white
marámi, adj. much; many
marká, n. grade; trade mark
marumí, adj. dirty. Ant. *malínis* adj. clean
marúnong, adj. intelligent; wise. syn. *matalino*
masamâ, adj. bad; wicked
masaráp, adj. 1. delicious; tasty, 2. pleasant
masayá, adj. happy; cheerful
masunarin, adj. obedient
matá, n. eye
matabâ, adj. fat. Ant. *payát*, adj. thin

matamis, adj. sweet
matandâ, n. an old person. adj. aged; old
matangkád, adj. tall. Ant. *pandák*, adj. short
matigás, adj. hard. Ant. *malambót* adj. soft
may, mayroón, v. to have; to possess; there is
mayáman, adj. rich, wealthy. Ant. *mahirap*, adj. poor
may-arì, n. owner
maysakít, n. patient; sick person
médiyas, n. stockings; socks
mésa, n. table
minúto (sandalî) n. minute
mísa, n. mass (religious)
miting, n. *(pulong)* meeting
mo, pron. your, yours; by you (postposed of *iyó*)
mukhâ, n. face
mulâ sa, prep. from
mulî, adv. again
múra, adj. cheap

— N —

na, adv. already, pron. that, who, which
nakatirá, v. living in; resident of
naku! inter. an expression of surprise. Comes from *Ina ko!*
namán, adv. also; in like manner
namatáy, v. died
námin, pron. our; by us (exclusive)
nang, art. (ng) adv. (noóng) when conj. so that
naparíto, v. came
naparoón, v. went
nárito, v. here
nároon, v. there
nása, prep. a particle expressing position, location or direction.
násaán, adv. where?

negósiyo, n. business; industry
nérbiyos, n. nervousness; nerves
nínong, n. godfather. ninang, godmother
ninúno, n. ancestors
ningas, n. flame
niyog, n. coconut
noó, n. forehead
noón, adv. at that time
nunò, n. grandparent
nóta, n. musical note
ngâ, (particle) please; really; truly
ngayón, adv. now; today
ngípin, n. teeth
ngitî n. smile
ngúni't, conj. but
ngusò, n. upper lip

— O —

o, conj. or
oo, adj. yes
ohò, opò, adv. yes sir; yes ma'm
oras, n. hour; time

orasiyón, n. angelus
orihinál, n. original; syn. *likas*
ospitál, n. hospital; syn. *pagamutan*
óyayi, n. lullaby

— P —

paá, n. foot
paalám, n. farewell; v. goodbye
paáno, adv. how?
páaralán (iskuwela) n. school
pabuyà, n. tip; gratuity

pakinábang, n. profit, gain
pákò, n. nail
pakpák, n. wing
paksâ, n. subject; title; theme
padér, n. wall (concrete)

pagkáin, n. food
pag-ása, n. hope
pag-íbig, n. love
pagód, adj. tired; weary, págod, n. tiredness
pagsúlong, n. progress
pagtuturò, n. the teaching
páhatiran, n. mail; post office
pálad, n. palm of hand; fate
palálò, adj. proud; boastful
pálay, n. rice plant; unhusked rice
paláyaw, n. nickname
palayók, n. clay pot
paléngke, n. market
pálikuran, n. toilet
pámahalaan, n. government
pámantasan, n. university
pamílya, n. family
pangálan, n. name
pángit, adj. ugly
pangakò, n. promise, mangakò, to promise
panginoón, n. master; lord
pangúlo, n. president. pangalawang pangulo, n. vice-president
papél, n. paper
paraán, n. way; method
parého, adj. the same; similar
parúsa, n. punishment
pasinayà, n. inauguration
pasò, n. burnt flesh
pasò, n. pot for plants
patáy, n. dead. adj. lifeless; extinguished (as in light)
patnúgot, n. director; editor

páwis, n. perspiration, anak-pawis, n. laborer
payák, adj. simple
payát, adj. thin
páyong, n. umbrella
péra, n. centavo; money
péro, (nguni't) but
pílak, n. silver
pintá, n. paint
pintô, n. door
pinggán, n. plate
píso, n. peso
pisngí, n. cheek
pípa, n. pipe
pirmí, adv. always; permanent
pistá, n. feast; birthday. pistang-bayan n. town-fiesta
plántsa, n. hot iron
plúma, n. fountain pen
pósporo, n. match
prémyo,(gantimpala) n. prize; reward
programa (palatuntunan), n. program; plans
pugón, n. stove
pulá, adj. red
pulbós, n. powder
púlong, n. meeting
pulúbi, n. beggar
punó, n. leader; chief; tree
punó, adj. full
punong-langsod, n. capital city
pusà, n. cat
pusò, n. heart
putî, adj. white
putók, n. blast

— R —

rádyo, n. radio
raw (daw) adv. it is said
reklámo, n. complaint
relihiyón, n. religion
relós, n. clock; watch

rikádo, n. condiments for cooking
riles, n. rails for train
resíbo, n. receipt
rósas, n. 1. a kind of plant or its flowers. 2. pink color

— S —

saán, adv. where
sabáw, n. broth
sabáy, adj. at the same time
sábi, n. what was said. sabihin, v. to tell
sabón, n. soap
sakáy, n. passenger. sumakáy, v. to ride in
sakím, adj. selfish
sakit, n. sickness; pain
saksí, n. witness
sagót, n. answer
saganà, adj. abundant; plenty
sáhod, n. salary; wage
sála, n. 1. sin, 2. living room

salámat, n. thanks
salamín, n. looking glass; eyeglasses
salapî, n. 1. (collective) money. 2. fifty centavos
salawál, n. trousers
saligáng-batás, n. constitution
salitâ, n. word; language
salóp, n. ganta (for measuring cereals)
sálu-sálo, n. party; banquet
samahán, n. club; society
samáhan, v. to accompany
sáma-sáma, adv. altogether
sambá, n. worship, sumamba, v. to worship

218

sampagita, n. a kind of shrub or its white flowers. National flower of the Philippines
sampû, adj. & n. ten
sandaán, adj. & n. one hundred
sandalî, adv. a moment
sangá, n. branch
sapátos, n. shoes
sarádo, adj. closed
sari-sari, adj. of various kinds
sariwà, adj. fresh
sasakyán, n. vehicle of any kind
sáyang, interj. what a pity!
sayáw, n. dance
séda, n. silk
sélyo, n. stamp for letters
sepilyo, n. brush
servidór, n. server; waiter
séro, n. zero
sigarilyo, n. cigarette
silángan, n. east; the Orient
silíd, n. room. silid-tulugan, bedroom; silid-kainan, dining room

sílya, *(upuan)*, n. chair
simbáhan, n. church
síne, n. cinema; show
sinélas, n. slippers
síno? pron. who?
sinúlid, n. thread
síngsing, n. ring of finger
sipón, n. cold (sickness)
sirà, n. destruction, *sirâ*, adj. destroyed, torn, **broken**
siyudád *(lunsod)*, n. city. *púnunglunsód*, n. capital city
sóbre, n. envelope
sópas, n. soup
sukà, n. vinegar
suki, n. steady customer or seller
sukláy, n. comb
súlat, n. 1. letter. 2. penmanship
sumáma, v. to go with
sumunód, v. to follow
sundálo *(kawal)*, n. soldier
súnog, n. fire; conflagration
susì, n. key.

— T —

taás, n. height, *mataas*, adj. high
tabá, n. fat. *matabá*, adj. fat
tabák, n. sword; long bolo
tabáko, n. cigar; tobacco
tabing-dágat, n. seashore
tablá, n. board; cut timber. *bahay na tabla*, n. wooden house
takip, n. cover
tákot, n. fear. *takót*, adj. afraid, *matákot*, v. to be afraid
taksíl, n. traitor
tag-áraw, n. summer; dry season
tag-ulán, n. rainy season
tagumpáy, n. victory; triumph
tagutóm, n. famine
tahî, n. sewing. *manahi*, v. to sew. *mánanahì*, n. seamstress
taínga, n. ears
talaán, n list; record
talambúhay, n. biography
talì, n. tie; string or rope used for tying
tamád, adj. lazy. Ant. *masípag*, adj. industrious
tanáwin, n. view, scenery
taním, n. plant; tree
tanóng, n. question
tanyág, adj. well-known; popular
tangá, adj. stupid; irresponsible
tanghalì, adv. late at noon. n. noon
tapát, adj. faithful; honest
táo, n. person; human being
taón, n. year
tása, n. cup

táwa, n. laughter
táwad, n. 1. bargain; reduction in price. 2. pardon
téla, n. cloth
tíket, n. ticket
tíla, adv. it seems
tiisin, n. sufferings, *tiisín*, v. to suffer; to be patient with
timbángan, n. scale; balance
tímog, n. south
tindá, n. goods; anything for sale. *tindáhan*, n. store
tínta, n. ink
tinidór, n. table-fork
tiyá, n. *(ale)* aunt (fem.) *tiyo*, n. uncle
totoó, adj. true
trabájo, n. job; work; livelihood
tren, n. train
túbig n. water
túhod, n. knee
tulâ, n. poem
tuláy, n. bridge
túlong, n. help
tungkól sa, prep. about; referring to
tunóg, n. sound
tuntúnin, n. rule
tuwâ, n. gladness. *matuwâ*, v. to be glad
tuwálya, n. towel
tuwíd, adj. straight
tuyâ, n. sarcasm
tuyô, adj. dry; n. dried fish

ubó, n. cough. *inúubó*, v. coughing
úbod, n. core. *ubod ng sípag*, adj. very industrious
ugalì, n. custom; habit
ugát, n. 1. blood vessel. 2. root. *salitang-ugat*, n. root-word
úháw, n. thirst. *maúhaw*, v. to be thirsty
úlam, n. viand
ulán, n. rain. *maulán*, adj. rainy
úlap, n. cloud
ulî, adv. once again
úling, n. charcoal
úlit, n. repetition; times. *sampúng úlit*, ten times
úlo, n. head
umága, n. morning
umalís, v. to go away
umáwit, v. to sing
uminóm, v. to drink

umísip, v. to think
umpisá (*simula*), n. beginning; the start
umupô, v. to sit
umuwî, v. to go home
úna, adj. first
únan, n. pillow
úod, n. worm
úpa, n. pay; rent
upáng, conj. so; so that
upisína (*tanggápan*). n. office
urì, n. kind; quality
úsapan, n. conversation
usapín, n. case in court
útak, n. brain. *maútak*, adj. intelligent
útang, n. debt
útos, n. command; order
uwî, n. anything brought home

wakás, n. end. *at sa wakás*, finally
walâ, adj. absent. adv. none
waláng-hiyâ, adj. shameless
waláng-págod, adj. tireless
walís, n. broom

wastô, adj. correct, right; syn. *tama*
watáwat, n. flag, banner
wikà, n. language
wélga, n. strike (labor)

yabág, n. footstep
yáman, n. wealth; richness. *mayaman*, adj. rich; wealthy

yákap, n. embrace. *yakapin*, v. to embrace
yarì, adj. made by; finished; done

— A —

a (an) art. isáng
about, prep. tungkól sa
above, adv. sa itaás; sa ibábaw
abundance, n. kasaganáan
abundant, adj. saganà
accept, v. tanggapín
accompany, v. samáhan. saliwán (sa pagtugtóg)
account, n. kuwénta
aching, v. sumasakít
act, n. gawâ
addition, n. dagdág. to add, v. dagdagán
adjustment, n. pag-aáyos
advertisement, n. anúnsiyo
after, adv. pagkatápos
afternoon, n. hápon
again, adv. mulî
against, prep. lában sa
agreement, n. kasundúan
air, n. 1. himpapawíd, 2. hangin
all, pron. lahát
almost, adv. hálos
already, adv. na
also, adv. din (or rin)
altar, n. dambanà
although, conj. káhi't
always, adv. lagì; palagì
amount, n. halagá; kabuuán

amusement, n. libángan; áliwan
ancestor, n. ninunò
and, conj. at; at saká
angelus, n. orasiyón
anger, n. gálit; angry, galít
animal, n. háyop
answer, n. sagót; tugón
ant, n. langgám
arch, n. arkó
area, n. láwak
argument, n. pagtatálo
arm, n. bráso; bísig
army, n. hukbó
art, n. síning
as, adv. gaya ng; túlad ng
ash, n. abó
ask, v. itanóng
asleep, adj. tulóg
assist, v. tumúlong
assistant, n. katúlong
at, prep. sa
ate, v. kumáin
attack, n. 1. sumpóng (as in sickness) 2. paglúsob (in war)
attend, v. dumaló
aunt, n. tiyá; ále
authority, n. kapangyaríhan
avoid, v. iwásan
award, n. gantimpalà; pabuyà

— B —

baby, n. sanggól
bachelor, n. binatà
back, n. likód. at the back, prep. sa likurán
by means of, prep. sa pamamagitan
buy, v. bumilí; bilhin
bad, adj. masamâ
balance, n. timbángan
ball, n. bóla. 2. sayáwan
ballot, n. balóta
bamboo, n. kawáyan
banana, n. ságing
baptism, n. binyág
band, n. banda ng músiko
barber, n. barbéro
bargain, n. táwad sa halagá
basin, n. palanggána
basket, n. buslô; básket
bath, n. paligò
bathe, v. maligò
bathroom, n. paliguán; banyo

beautiful, adj. magandá
beauty, n. kagandáhan; gandá
become, v. magíng
bed, n. káma
bedroom, n. silíd-tulugán
before, adv. bágo; dáti; noóng úna
beggar, n. pulúbi
behaviour, n. ugalì; gawî
belief, n. paniwalà
bell, n. kampanà; kampanílya
below, adv. sa ibabà
belt, n. sinturón
beside, adv. sa tabí
between, prep. sa gitnâ
bird, n. íbon
bite, v. kagatín
bitter, adj. mapaít
black, adj. itím; maitím
blanket, n. kúmot
blood, n. dugô
blow, v. hípan

blue, adj. asúl; bugháw
boat, n. bangkâ; bapór
body, n. katawán
boiling, v. kumukulô
bolo, n. iták; sundáng
bone, n. butó
book, n. aklát; libró
borrow, v. humirám
boss, n. punò
bottle, n. bóte
bottom, n. ilálim
box, n. kahón
boy, n. bátang laláki. *house boy*, n. utusáng laláki
brain, n. útak
branch, n. sangá ng taním. 2. sangáy
bread, n. tinápay
breath, n. hiníngá
bridge, n. tuláy
brief, n. maiklî

bright, adj. 1. maliwánag; 2. marúnong
bring, v. dalhín
broken, v. sirâ; baság
broth, n. sabáw
brother, n. kapatíd na laláki. *brother in law*, bayáw
brown, adj. kayumanggí (*race color*); kulay-tsokolate
brush, n. sepílyo
building, n. gusalì
bulb, n. bombílya
bullet, n. bála
burn, v. masúnog. n. pasò
burst, n. putók
business, n. negósyo
but, conj. péro, nguni't
butter, n. mantekílya
butterfly, n. paruparó
button, n. butónes

— C —

cake, n. keik; mamón
call, n. táwag. v. tawágin
care, n. alagà. v. alagáan
careful, adj. maíngat
carpenter, n. karpintéro; anluwági
carry, v. dalhín
cat, n. pusà
cause, n. dahilán
celebrate, v. magdíwang
celebration, n. pagdiríwang; pistá
ceiling, n. kísame
center, n. gitnâ
chair, n. sílya: úpuan
chance, n. pagkakátaon
change, n. 1. suklî. 2. palít
change, v. 1. suklián. 2. palitán
cheap, adj. múra
cheerful, adj. masayá; masiglá
cheese, n. késo
chest, n. dibdíb
chicken, n. manók
chief, n. punò
child, n. 1. batà. 2. anák
chin, n. babà
Christmas, n. Paskó
church, n. simbáhan; sambáhan
city, n. lunsód. *capital city*, n. púnong-lunsód
civilization, n. kabihasnán
class, n. kláse; urí
classroom, n. silíd-aralán
clean, adj. malínis
clear, adj. malínaw, maliwánag
climb, v. umakyát; akyatín
clock, n. reló; orasán
close, v. isará
cloth, n. damít; téla

cloud, n. úlap
coal, n. úling; karbón
coat, n. amerikána
cold, adj. malamíg
collar, n. kuwélyo
color, n. kúlay
comb, n. sukláy
come, v. pumaríto
comfort, n. alíw v. aliwín
committee, n. lúpon
companion, n. kasáma
condition, n. kalágayan; áyos
confidence, n. tiwalà
cook, n. tagalutò; kusinéro
cook, v. maglutò
copy, n. sipí; kòpya. v. sipíin; kópyahín
cork, n. tápón
cotton, n. búlak
cough, n. ubó
courage, n. tápang
courageous, adj. matápang
courteous, adj. magálang
courtesy, n. paggálang
cousin, n. pínsan
cover, n. takíp. v. takpán
cow, n. báka
coward, adj. duwág
credit, n. útang
cross, n. kurús
cruel, adj. malupít
cry, v. umiyák. n. iyák
cup, n. tása; kópa
curtain, n. kurtína
custom, n. ugalí
customer, n. sukì; tagabilí
cut, n. hiwà. v. hiwáin; putúlin

222

— D —

damage, n. sirà
danger, n. pangánib
dangerous, adj. mapangánib
dark, adj. madilím
darkness, n. karimlán
daughter, n. anák na babáe
day, n. araw
dead, n. patáy
dear, adj. mahál
death, n. kamátayan
debt, n. útang
deep, adj. malálim
delicate, adj. masélang
describe, v. ilaráwan
description, n. paglalaráwan
dialect, n. wikaín
diaper, n. lanipín
different, adj. ibá; magkaibá
digestion, n. pantúnaw
diliyent, adj. masípag
direction, n. dáko; bánda
director, n. patnúgot
dirty, adj. marumí
disaster, n. sakunâ

discussion, n. pagtatálo; pag-uúsap
disease, n. sakit
distance, n. layò; agwát
distant, adj. malayò
divide, v. hatíin
dizzy, v. mahílo
do, v. gawín
dog, n. áso
doll, n. manikà
door, n. pintúan
doubt, n. álinlangan
down, adv. sa ibabâ
drama, n. dulâ
dress, n. barò
drink, v. uminóm. n. inumín
driver, n. (of car) tsupér; (of rig) kutséro
drop, v. mahúlog
drown, v. malúnod
drunk, adj. lasíng; langô
dry, adj. tuyô
dumb, adj. pípi. 2. hangál
dust, n. alikabók

— E —

ear, n. táynga
early, adv. maága
earning, n. suweldo
earth, n. lupà; mundó
east, n. silángan
eastern, adj. silangánan
easy, adj. madalî
education, n. pag-aáral
egg, n. itlóg
elbow, n. síko
election, n. halálan
electric, adj. eléktrika
embarrass, v. hiyaín
embarrassed, adj. nápahiyâ
employee, n. kawáni
end, n. katapusán; wakás
enough, adv. sapát; hustó

equal, adj. magkapáris; magkatumbás
eraser, n. pamburá
error, n. malî; kamalián
even, adv. káhi't. *even if,* adv. káhi't na
evening, n. gabí
event, n. pangyayári
every, adv. báwa't isá. *everyone,* adv. lahát
exact, adj. hustó; tamà
example, n. halimbawà
exchange, v. magpalít; ipagpalít
experience, n. karanasán
eyebrow, n. kílay
eyelash, n. pilikmatá
eyes, n. mga matá

— F —

face, n. mukhâ. v. harapín
fall, v. mahúlog
false, adj. hindî totoó; dí-tapát
family, n. mag-ának, pamílya
far, adj. malayò
farm, n. búkid; kabukirán
farmer, n. magsasaká
fast, adj. mabilís; matúlin
fat, adj. matabâ
fate, n. kapaláran
father, n. amá
father-in-law, n. biyénang laláki

faucet, n. grípo
fault, n. kasalánan; malî
fear, n. tákot; pangambá
feather, n. balahíbo
feeble, adj. mahinà
feeling, n. damdámin
feet, n. paá
female, n. & adj. babáe
fence, n. bákod
festivity, n. pagdiríwang; kasayáhan; pistá
fever, n. lagnát

few, adv. kauntî; ilán
fight, n. áway; kágalitán; básag-úlo
finger, n. dalirì
fire, n. apóy; súnog
first, adj. úna
fish, n. isdá
fix, v. ayúsin
flag, n. bandilà; watáwat
flame, n. níngas; apóy
flower, n. bulaklák
fly, n. lángaw
fly, v. lumipád; sumakáy sa éroplano
follow, v. sumunód
food, n. pagkáin
for, prep. para sa; para kay
force, n. lakás

forehead, n. noó
fork, n. tinidór
fragrance, n. bangó
fragrant, adj. mabangó
free, adj. malayà
freedom, n. kalayáan
frequent, adj. madalás
fresh, adj. sariwà
friend, n. kaibígan
from, prep. sa; búhat sa; mulâ sa
front, adv. sa haráp
fruit, n. búngang-káhoy; prútas
fry, v. ipiríto
full, adj. punô
future, n. hináharáp; adv. sa dárating na panahón

— G —

gain, n. tubò; pakinábang
game, n. larô
garage, n. garáhe; taguán ng áwto
garden, n. halamánan; hardín
garbage, n. basúra; dumí
general, n. henerál. adj. lahát
get, v. kúnin
girl, n. bátang babáe
give, v. magbigáy; bigyán; ibigáy
glass, n. 1. báso. 2. salamín
go, v. pumaroón; pumuntá
goat, n. kambíng
godfather, n. nínong
godmother, n. nínang

gold, n. gintô
good, adj. mahúsay; magalíng; mabúti
government, n. pámahaláan
grain, n. bútil
grass, n. damó
grave, n. libíngan
great, adj. dakilà
green, adj. luntían; bérde
gray, adj. kúlay-abó
group, n. lipon; pangkát
guard, n. bantáy; v. bantayán
guide, v. akáyin; iturò
gun, n. baríl

— H —

hair, n. buhók
half, adj. kalahatì
hammer, n. martílyo; pamukpók
hand, n. kamáy
happy, adj. masayá; maligáya
hard, adj. 1. mahírap. 2. matigás
harvest, n. áni
hat, n. sambalílo
hate, n. matindíng gálit
have, (has) v. may; mayroón
head, n. úlò. 2. punò
headache, n. sakít ng úlo
health, n. kalusugán
healthy, adj. malusóg
heart, n. pusò
heat, n. ínit

help, n. túlong, helper n. katúlong
here, adv. díto
hero, n. bayáni
high, adj. mataás
history, n. kasaysáyan
hole, n. bútas
hope, n. pag-ása
horse, n. kabáyo
hospital, n. ospitál; págamutan
hot, adj. maínit
hour, n. óras
house, n. báhay; táhanan
how, adv. paáno
humble, adj. mabábang-loób
husband, n. asáwa

— I —

ice, n. yélo
ice cream, n. surbétes
idea, n. palagáy; kuru-kurò
if, conj. kung

important, adj. mahalagá
in. prep. sa; sa loób
industrious, adj. masípag
ink, n. tinta

insect, n. malíít na háyop; kulisáp
inside, prep. sa loób
instrument, n. kasangkápan
insurance, n. segúro
intention, n. bálak; hangárin

invite, v. anyayáhan
iron, n. bákal
island, n. pulô
itchy, adj. makatí

— J —

jail, n. bilanggúan; piítan
jaw, n. pangá
jealousy, n. panibughô
jewel, n. aláhas
join, v. pagsamáhin; pagdugtungín

joke, n. birò, v. birúin
journey, n. paglalakbáy
judge, n. hukóm; huwés
juice, n. katás
jump, v. tumalón; lumuksó

— K —

keep, v. itagò
key, n. susì
kick, v. sipáin
kind, n. urì. adj. maawaín; mabaít
kiss, v. halik
knee, n. túhod

kneel, v. lumuhód
knife, n. kutsílyo; lanséta
knot, n. 1. buhól; 2. pusód (*hair*)
know, v. málaman
knowledge, n. karunúngan; kaalamán

— L —

laborer, n. manggagawâ
land, n. lupà
language, n. wikà
last, adj. hulí sa lahát
late, adj. hulí
laugh, n. táwa. v. tumáwa
law, n. batás
lawyer, n. abugádo; mánananggól
lazy, adj. tamád
lead, n. tinggâ
leader, n. pinunò; punò
leaf, n. dáhon
learning, v. nag-áaral
leather, n. kuwéro; kátad
left, adj. kaliwâ (*opposite of right*)
leg, n. bintî
letter, n. súlat; líham. 2. títik
level adj. pátag; pantáy
liar, adj. sinungáling
library, n. aklátan

lift, v. buhátin
light, n. ílaw. 2. liwánag
light, adj. magaán
like, v. íbig; gustó
like, adj. katúlad
line, n. gúhit
lip, n. labì
list, n. listáhan; talaán
listen, v. makiníg
live, v. mabúhay. 2. nakatirá
lock, n. kandádo
long, adj. mahabà
look, v. tignán
loose, adj. maluwág
loss, n. pagkawalâ
loud, adj. malakás
love, n. pag-íbig
low, adj. mababà
lumber, n. tablá; káhoy
lung, n. bagà

— M —

machine, n. mákina
mad, adj. balíw
make, v. gawín
male, n. & adj. laláki
man, n. laláki
manager, n. tagápamahalà
map, n. mápa
market, n. paléngke
marriage, n. kasál
mat, n. baníg
match, n. pósporo
meal, n. pagkáin

measure, n. súkat
meat, n. karné; lamán
medicine, n. gamót
meeting, n. púlong; míting
memorize, v. isaúlo; kabisáhin
middle, n. gitnâ
milk, n. gátas
mind, n. ísip
mine, pron. ákin
minute, n. minúto; sandalî
mixed, adj. halu-halò
money, n. salapî

monkey, n. unggóy
month, n. buwán
monument, n. bantayóg
morning, n. umága
mosquito, n. lamók
mother, n. iná; nánay

mother-in-law, n. biyénang babáe
mountain, n. bundók
mouth, n. bibíg
move, v. kumílos; gumaláw
much, adv. marámi
music, n. tugtóg; tugtúgin

— N —

nail, n. pakò
naked, adj. hubád
name, n. pangálan; ngálan
narrow, adj. makítid
nation, n. bansá; báyan
nature, n. kalikasán
near, adj. malápit
necessary, adj. kailángan
neck, n. leég
needle, n. karáyom
neighbor, n. kápitbahay
new, adj. bágo

news, n. balità
nickname, n. paláyaw
night, n. gabí
no, adv. hindî
noise, n. íngay
none, adj. walà
noon, n. tanghalì
north, n. hilagà
nose, n. ilóng
note, n. (of music), nóta
now, adv. ngayón
number, n. bílang

— O —

obedient, adj. masunúrin
of, prep. ng
offer, v. alukín
oil, n. langís
old, adj. matandâ (persons); lumá
    (things)
on, prep. sa ibábaw
only, adv. lámang
open, adj. bukás. v. buksán
opinion, n. kuru-kurò; palagáy
opposite, adj. kasalungát

orange, n. dalandán
order, n. útos. 2. áyos
organization, n. samahán; kapisánan
ornament, n. gayák; palamutí
other, adj. ibá
out, adv. sa labás
oven, n. pugón
over, prep. sa ibábaw
overtake, v. abutín
owner, n. may-arì

— P —

page, n. dáhon; páhina
pain, n. sakít
paint, n. pintúra
paper, n. papél
parcel, n. balútan
pardon, n. patáwad
parent, n. magúlang
past, adj. nakaraán
paste, n. pandikít. v. idikít
payment, n. báyad; kabayarán
peace, n. katahimíkan
pen, n. plúma
pencil, n. lápis
perhaps, adv. maráhil; sigúro
person, n. táo
pet, n. alágang-háyop
picture, n. laráwan; litráto
pig, n. báboy
pin, n. aspilé
pity, n. awà
pitiful, adj. kaáwaawà
plant, n. taním
plate, n. pinggán

play, n. larô. v. maglalarô
pleasure, n. kasiyáhang-loób
plow, n. aráro
pocket, n. bulsa
pocketbook, n. pitáka, kalupì
poison, n. láson
poor, adj. mahírap
popular, adj. bantóg; kilalá
post, n. halígi; póste
pot, n. pasô (for plant); palyok,
    (for cooking)
potato, n. patátas
powder, n. pulbós
power, n. kapangyaríhan
present, n. handóg; alaála
present, adv. ngayón; kasalukúyan
price, n. halagá
prison, n. bilanggúan; bilíbid
process, n. paraán
proof, n. katibáyan
property, n. arì; ari-arìan
protest, v. lumában; sumalungát

226

public, adj. pambáyan
pull, v. hiláhin; batákin
punishment, n. parúsa

purpose, n. bálak; láyon
push, v. itúlak
put, v. ilagáy

— Q —

quality, n. urì; klase
quantity, n. dámi
quarrel, n. áway; kágalitán
queen, n. réyna
question, n. tanóng

quick, adj. madalî
quiet, adj. tahímik; waláng-kibô
quite, adv. hálos; tíla
quiz, n. pagsúbok; pagsusúlit

— R —

railway, n. ríles
rain, n. ulán
rat, n. dagâ
rattan, n. yantók
razor, n. labáha
read, v. bumása
ready, adj. handâ
reason, n. dahilán; katwíran
receipt, n. resíbo
receive, v. tanggapín
record, n. talaán
red, adj. pulá
religion, n. relihiyón; pananámpala-
    táya
remember, v. alalahánin
remove, v. alisín
request, n. hilíng; kahilíngan
respect, n. paggálang v. igálang

rest, n. pahingá. v. magpahingá
reward, n. gantimpalà
rhythm, n. kumpás
rice, n. bigás. cooked rice, n. kanin
rich, adj. mayáman
right, adj. 1. tamá; wastô. 2. kánan
ring, n. singsíng
river, n. ílog
road, n. daán; kálye
roasted, adj. iníhaw
roof, n. bubungán
room, n. silíd
root, n. ugát (of plants)
rope, n. lúbid
rough, adj. magaspáng
round, adj. bilóg
run, v. tumakbó
rust, n. kaláwang

— S —

sad, adj. malungkót
safe, adj. ligtás
salad, n. insaláda
salt, n. asin
salty, adj. maálat
same, adj. páris; parého; túlad
sand, n. buhángin
scale, n. timbángan
school, n. páaralán; iskuwéla
science, n. aghám; siyénsiya
sea, n. dágat
seat, n. úpuan; sílya
second, adj. ikalawà; pangalawá
secret, n. líhim
secretary, n. kalíhim
see, v. mákita; tignán
seed, n. butó; binhî
send, v. ipadalá
sentence, n. pangungúsap
separate, adj. hiwaláy v. maghiwa-
    láy
servant, n. katúlong; alilà
shallow, adj. mabábaw
sharp, adj. matálas; matúlis
shame, n. hiyâ; kahihiyán
shameless, adj. waláng-hiyâ

sheep, n. túpa
ship, n. bapór
shirt, n. kamisadéntro; barò
shoe, n. sapátos
short, adj. maiklî
side, n. tagiliran; tabí
signature, n. lagdâ; pirmá
silk, n. séda
silver, n. pílak
sin, n. kasalánan
sister, n. kapatíd na babáe
size, n. lakí
skin, n. balát
skirt, n. saya; pálda
sky, n. lángit
sleep, v. matúlog
slow, adj. mabágal; mahinà
slowly, adv. madálang
small, adj. maliít
smile, n. ngitì
smoke, n. úsok
smooth, adj. madulás
snake, n. áhas
sneeze, v. magbahíng
snore, n. hilík, v. maghilík
soap, n. sabón

227

society, n. 1. lipúnan. 2. samahán; kapisánan
socks, n. médyas
soft, adj. malambót
some, adj. ilán
son, n. anak na laláki
song, n. áwit; kantá
sour, adj. maásim
sound, n. íngay; tunóg
soul, n. kálulwá
soup, n. sópas; sabáw
south, n. tímog
special, adj. tangì; di-pangkaraníwan
spoon, n. kutsára
square, n. parisukát
stage, n. tanghálan; entabládo
staircase, n. hagdánan
stamp, n. selyo
star, n. bituín; talà
starch, n. almiról
station, n. istasyón; himpílan
steam, n. singáw; usok ng kumúkulóng tubig

step, n. hakbáng
sticky, adj. malagkít
stiff, adj. matigás
stingy, adj. marámot
stomach, n. tiyán
stone, n. bató
story, n. kuwénto
stove, n. kalán; pugón
street, n. daán; kálye
strength, n. lakás
strong, adj. malakás
stubborn, adj. matigás ang úlo; maúlit
study, v. mag-áral
sudden, adj. biglâ; kaagád
sugar, n. asúkal
summer, n. tag-aráw
sun, n. áraw
supper, n. hapúnan
surname, n. apelyído; pang-angkán
sweet, adj. matamís
swim, v. lumangóy
system, n. paraán

— T —

table, n. mésa; hápag
tail, n. buntót
tailor, n. sástre; mananáhì
take, v. kúnin
talk, v. magsalitâ
tall, adj. matangkád; mataás
taste, n. lása; panlása v. tikmán; lasáhin
tax, n. buwís
teaching, n. pagtuturò
teacher, n. gurò; maéstra
tear, n. luhà
tell, v. sabíhin
than, conj. kaysá
that, pron. iyán; iyón
there, adv. doón; diyán
thick, adj. makapál
thief, n. magnanákaw
thin, adj. payát
thing, n. bágay
this, pron. itó. these, (pl.) ang mga itó
though, conj. kahi't na
thought, n. 1. akalà. 2. ísip
thread, n. sinúlid
throat, n. lalamúnan
thumb, n. hinlalakí
thunder, n. kulóg
ticket, n. tíket
tight, adj. masikíp

till, adv. hanggáng
time, n. panahón; óras; sandalî
tin, n. láta
tired, adj. pagód
today, adv. ngayón
toe, n. hinlalakí ng paá
together, adv. magkasáma
toilet, n. pálikurán
tomorrow, adv. búkas
tongue, n. dilà
tooth, n. ngípin
top, n. takíp, adv. sa ibábaw
touch, n. hipò, v. hipúin
town, n. báyan
trade, n. kálakalán
train, n. tren
tray, n. bandéha
travel, n. paglalakbáy. v. maglakbáy
treasurer, n. íngat-yáman
tree, n. púnong-kahoy; punò
trouble, n. ligálig; básag-ulo
trouble, n. ligálig; básag - ulo (idiom.)
trousers, n. salawál
true, adj. totoó
twice, adv. makálawá
twin, n. kambál
typhoon, n. bagyó

— U —

ugly, adj. pángit
umbrella, n. páyong
under, prep. sa ilálim

understand, v. máintindihán; máunawà
up, prep. sa itaás

228

upright, adj. tuwíd
us, pron. sa átin. 2. táyo

use, v. gamítin
useful, adj. mahalagá

— V —

vacation, n. bakasyón; waláng pások
value, n. halagá
vegetable, n. gúlay
vehicle, n. sasakyán
verse, n. tulâ
very, adj. nápaka- (affix)
victory, n. tagumpáy

view, n. tánawin
vinegar, n. sukà
visit, n. dálaw. v. dumálaw
voice, n. bóses; tínig
vote, n. bóto. v. ibóto; ihalál
voyage, n. paglalakbáy

— W —

wage, n. sáhod
wait, v. maghintáy
walk, v. lumákad
wall, n. dingdíng; tabíke
war, n. digmáan; giyéra
warm, adj. maínit
wash, v. maghúgas; hugásan (except clothes)
waste, n. dumí; basúra
watch, n. reló. v. bantayán
water, n. túbig
wave, n. álon
weak, adj. mahinà
weather, n. panahón
week, n. linggó
weight, n. bigát
well, n. balón, adj. mabúti; magalíng na
west, n. kanlúran
what, pron. anó
wheel, n. gulóng
when, adv. kailán. conj. kung
where, adv. saán
while, conj. samantála

whip, n. pamalò
whisper, n. bulóng
whistle, n. sutsót; píto
white, adj. putî
who, pron. sino
why, adv. bákit
wife, n. maybáhay
wind, n. hángin
window, n. bintanà; durungawán
wine, n. álak
wing, n. pakpák
wire, n. káwad; alámbre
wise, adj. matalíno; marúnong
wisdom, n. katalinúhan; karunúngan
woman, n. babáe
wood, n. káhoy
word, n. salitâ
work, n. gáwaín; hánapbuhay
worm, n. buláti; úod
wound, n. súgat
write, v. sumúlat
writer, n. mánunulat
wrong, adj. malî

— Y —

yard, n. bakúran. 2. yárda
year, n. taón
yellow, adj. diláw
yes, adv. oo; opò; ohò
yesterday, adv. kahápon

you, pron. ikáw; kayó (pl.)
young, adj. batà
your, pron. iyó; inyó (pl.)
youth, n. kabatáan

229

GLOSSARY OF TERMS

AFFIX — one or more letters or syllables added to a word to modify its meaning.

PREFIX — one or more letters or syllables added before a word:

UMalís; PAGlákad; MAKAsúlat

INFIX — letters added within the word to modify its meaning:

bINilí; tUMawa; bINása; sUMúlat

SUFFIX — letters added after the word:

basáHIN; basáHAN; sulatIN; sulatAN

SUBJECT — the person or thing about whom or which a statement is made:

Si *Rizál* ay bayáni ng Pilípinas.
Rizal is the hero of the Philippines.
Ang *sampagíta* ay bulaklak ng Pilipinas.
Sampaguita is the flower of the Philippines.

PREDICATE — the other part of a sentence that tells about the subject like *bayani ng Pilipinas at bulaklak ng Pilipinas* in the above sentences.

OBJECT — the object of a verb is the person or thing which is affected by the action performed by the subject:

Bumilí akó ng *sapátos.*
I bought shoes.
Kumain siya ng *tinápay.*
He ate the bread.

POSSESSIVE — pertaining to words showing ownership:

Ang bárong tagálog *ni Juan* ay bago.
Juan's barong tagalog is new.
Ang pintá *ng báhay* ay putî.
The house's paint is white.

IMPERATIVE — gives an order:

Basáhin ninyó ang "Noli Me Tangere".
You read the "Noli Me Tangere".

INFINITIVE — expresses the verbal idea. It is the verb root preceded by "to" e.g. to read —
bumása

Dápat *bumása* ng Bíbliyá.
The Bible must be read.

SUBJUNCTIVE — expresses a wish or a condition.

Sána'y gumalíng na siyá.
May he get well already.
Kung umulan, hindî akó áalis.
If it rains, I shall not leave.

INTERROGATIVE — words used in asking questions.

>Saán ka pumuntá?
>*Where did you go?*
>Sino ba siya?
>*Who is he?*

NOUN — a word that names.

>Si *Peter* ay laláki.
>*Peter is a man.*
>Ang *batà* ay mabaít.
>*The child is good.*

PRONOUN — a word that replaces a noun, e.g. *I, he, she, they, who;* etc.

ADJECTIVE — a word that tells a quality, state or condition of a noun.

>Ang áking iná ay *magandáng* babáe.
>*My mother is a pretty woman.*
>*Marúnong* is Peter.
>*Peter is intelligent.*

VERB — an action word.

>Siya ay *kumákain.*
>*He is eating.*
>*Naglaró* siya ng tenis.
>*He played tennis.*

TRANSITIVE — a verb which does not need an object.

>*Pumuntá* siya sa aming báhay.
>*He went to our house.*
>*Umalís* sila.
>*They left.*

ACTIVE — a verb is active when the subject performs the action.

>Si Peter ay *nag-áaral.*
>*Peter is studying.*
>Ang batà ay *kumáin.*
>*The child ate.*

PASSIVE — a verb is passive when the subject has the action performed upon it.

>Ang isdâ ay *nilutò* ko.
>*I cooked the fish.*
>*Kináin* ng batà ang isdâ.
>*The child ate the fish.*

TENSE — the time of the occurrence of the action.

PAST

>Ang laláki ay *sumúlat.*
>*The man wrote.*

PRESENT

>Ang laláki ay *sumúsulat.*
>*The man is writing.*

FUTURE

>Ang laláki ay *súsulat.*
>*The man will write.*

ADVERB — a word that modifies a verb.

of TIME
--- Dumatíng siya *kagabí.*
He arrived last night.

of MANNER
— Dumatíng siyang *pagód.*
He arrived tired.

of PLACE
--- Dumatíng siya *rito.*
He arrived here.

PREPOSITION — a word that shows time or place relationship between some word and a noun.

Nakaupô siya sa *tabí* ng mesa.
He is seated near the table.
Áalis siya sa *Linggó.*
He will leave on Sunday.

CONJUNCTION — a word that joins.

Si Mary *at* si Peter ay magkapatíd.
Mary and Peter are brother and sister.
Áalis ako *nyúni't* bábalik din.
I shall leave but will return too.

INTERJECTION — a word used as exclamation.

Naku! Nasúnog ang báhay.
Alas! The house burned.
Abá! Kailan ka dumatíng?
Oh! When did you arrive?

VERBAL NOUN — a noun formed from a verb.

Ang *pag-alis* niya ay malungkót.
His departure is sad.
Ang *paglalakád* ay mabuti.
Walking is good.

ORTHOGRAPHY — the spelling and writing of words.

IDIOMATIC — mode of expression peculiar to a language the meaning of which as a whole cannot be gathered from the meanings of the separate words, e.g.

malakíng táo.
(Lit. *big person*) *snobbish; proud*
mahabà ang dilà.
(Lit. *long tongue*) *talkative*

ACTOR — action sentence: *The subject is the doer.*

ACTOR — goal sentence: *The subject is the receiver.*

PAMBANSANG AWIT NG PILIPINAS*

Báyang magíliw
Pérlas ng Silangánan
Álab ng pusò
Sa dibdíb mo'y buháy

Lúpang hinírang
Dúyan ka ng magíting
Sa manlulúpig
Di ka pasísiil

Sa dágat at bundók
Sa símoy at sa langit mong bugháw
May dilág ang tulâ at áwit
Sa pagláyang minámahál

Ang kisláp ng watáwat mo'y
Tagumpáy na nagníningníng
Ang bituín at áraw niya'y
Kailán pa ma'y di magdídilím

Lupà nang araw ng luwalháti't pagsintá
Búhay ay lángit sa píling mo
Aming ligáya na pag may mang-aapí
Ang mamatáy nang dáhil sa iyó

---

* National Anthem of the Philippines

PILIPINO: THE NATIONAL LANGUAGE
(a historical sketch)

On November 13, 1937, the First National Assembly approved a law "creating a National Language Institute to make a study and survey of each of the existing native dialects, with a view to choosing one which was to be used as a basis for the national language of the Philippines." The then President Manuel L. Quezon appointed to compose the Institute, Jaime C. de Veyra, as chairman, representing Samar-Leyte-Visayan; Santiago A. Fonacier, representing the Ilocano regions; Filemon Sotto (Cebu-Visayan); Casimiro Perfecto (Bicol); Felix S. Sales Rodriguez (Panay-Visayan); Hadji Butu (the Muslims) and Cecilio Lopez (Tagalog), as members. After serious deliberations on the studies conducted, and in compliance with the conditions and procedures to be observed in the discharge of its duties, the Institute selected Tagalog to be the basis of the national language. Thus, on December 31, 1937, President Quezon proclaimed the language based on Tagalog as the National Language of the Philippines.

The reasons why Tagalog was so chosen were the following: (1) Tagalog is widely spoken and the most understood in all the regions of the Philippines; (2) it is not divided into dialects as Visayan is; (3) Tagalog literature is the richest. More books are written in Tagalog than in any other native language; (4) Tagalog has always been the language of Manila, the capital city, even long before the Spaniards came; (5) Tagalog was the language of the Revolution and the Katipunan —two incidents in Philippine history that have left us a heritage we all can be proud of. These reasons were enough to convince the intellectuals who composed the Institute and so their open minds conceded to the use of Tagalog as the basis of the national language.

On June 18, 1938, the National Assembly created the Institute of National Language (this is different from the National Language Institute which was then dissolved). This new Institute was given the task of preparing a dictionary and a grammar to be published not later than two years after the President's proclamation of the National Language. Within the time limit given, the Institute prepared and submitted to the President a Tagalog-English vocabulary, authored by Dr. Cecilio Lopez; and a grammar entitled *Balarila ng Wikang Pambansa,* authored by the late Lope K. Santos. The need for these books was urgent. Beginning with the school year 1940-41, the teaching of the National Language was set in the fourth year of all high schools, and the second year of all normal schools in both public and private schools in the Philippines.

234

Commonwealth Act No. 570 was promulgated on July 4, 1946 when the independence of the Philippines was granted by the United States. It provides for the use of the National Language as one of the official languages of the Philippines (with Spanish and English) in government offices.

In 1961 the office of the Secretary of Education introduced the use of the term *Pilipino* when referring to the National Language. The word gained support, not only in schools but outside as well. So the Tagalog-based National Language is now generally called Pilipino.

ABOUT THE AUTHOR

Mrs. Paraluman S. Aspillera is an author, teacher, and a news-paperwoman. She specialized in the teaching of English and Tagalog and took post graduate courses in Linguistics at the University of the Philippines where she is now a professor of Pilipino and Philippine Literature in the Institute of Asian Studies.

As the former director of the Institute of Filipino Language and Culture, an affiliate of the Philippine Women's University in Manila, she has dedicated herself to the promotion of the national language and culture of her country, and to fostering Philippine relations with foreign countries by efficiently administering its foreign language program.

She has travelled extensively abroad as a Smith-Mundt leader grantee to the United States (1957) ; as guest of the governments of West Germany (1961) and Indonesia (1962) ; and as representative of her country to the Afro-Asian Women's Conference in Colombo, Ceylon (1958) ; and the Round-Table Conference of Southeast Asian Language Experts in Hongkong (1959). She was her country's delegate to the international conference on the Modernization of Languages in Asia held in Kuala Lumpur (1967).

Mrs. Aspillera is active in civic and education organizations. She was one time president of the Tagalog women writers of the Philippines and is now the executive secretary and director of the UNESCO-sponsored *Akademya ng Wikang Pilipino*.

She has authored many books and articles in both English and Tagalog, the most recent of which is a *Common Vocabulary of Malay-Pilipino-Bahasa Indonesia*. She is presently working on an important research on the *Lexicography of Tagalog Verbs*.

She writes the popular daily column in the *Manila Times* "Your Tagalog Corner."

Other Titles in the Tuttle Library

RASHOMON AND OTHER STORIES *by Ryunosuke Akutagawa, translated by Takashi Kojima*

ROMAJI DIARIES AND SAD TOYS *by Takuboku Ishikawa, translated by Sanford Goldstein and Seishi Shinoda*

SHANK'S MARE: Japan's Great Comic Novel of Travel and Ribaldry *by Ikku Jippensha, translated by Thomas Satchell*

SENRYU: Poems of the People *compiled and illustrated by J. C. Brown*

SHIOKARI PASS *by Ayako Miura, translated by Bill and Sheila Fearnehough*

THE FLOATING WORLD OF JAPANESE FICTION *by Howard Hibbett*

THE GOSSAMER YEARS : The Diary of a Noblewoman of Heian Japan *translated by Edward Seidensticker*

THE HEIKE STORY *by Eiji Yoshikawa, translated by Uenaka Uramatsu*

THE RIVER WITH NO BRIDGE *by Sué Sumii, translated by Susan Wilkinson*

THE RONIN: A Novel Based on a Zen Myth *by William Dale Jennings*

THE SQUARE PERSIMMON AND OTHER STORIES *by Takashi Atoda, translated by Millicent Horton*

THE TALE OF GENJI: A Readers Guide *by William J. Puette*

THE TEN FOOT SQUARE HUT AND TALES OF THE HEIKE: Being Two Thirteenth Century Japanese Classics *translated by A. L. Sadler*